Nanjing
Cultural Talent
南京文化人才

图说鲁迅在南京

徐昭武 编著

南京出版传媒集团
南京出版社

图书在版编目（CIP）数据

图说鲁迅在南京 / 徐昭武编著. -- 南京：南京出版社, 2025. 1. -- ISBN 978-7-5533-5008-0

Ⅰ. K825.6-64

中国国家版本馆CIP数据核字第2024BK8928号

书　　名　图说鲁迅在南京
编　　著　徐昭武
出版发行　南京出版传媒集团
　　　　　　南 京 出 版 社
社址：南京市太平门街53号　　邮编：210016
网址：http://www.njcbs.cn　　电子信箱：njcbs1988@163.com
联系电话：025-83283893、83283864（营销）　025-83112257（编务）

出 版 人　项晓宁
出 品 人　卢海鸣
责任编辑　孙海彦
装帧设计　赵海玥
责任印制　杨福彬

排　　版　南京新华丰制版有限公司
印　　刷　南京新世纪联盟印务有限公司
开　　本　880 毫米 × 1230 毫米　1/32
印　　张　5.375
字　　数　110 千
版　　次　2025 年 1 月第 1 版
印　　次　2025 年 1 月第 1 次印刷
书　　号　ISBN 978-7-5533-5008-0
定　　价　48.00 元

用微信或京东APP扫码购书　　用淘宝APP扫码购书

本书由南京出版社有限公司出版与发行

目录

序　按图"琐记"

黄乔生

一

徐昭武先生编著的《图说鲁迅在南京》即将由南京出版社出版。"图说"，顾名思义，图占有很大比重，是一本可读性很强的书。

1898年5月，鲁迅离开绍兴到南京，先考入江南水师学堂，半年后考入江南陆师学堂附设的矿路学堂，1902年从矿路学堂毕业，到日本留学，是从南京走向世界。1912年，鲁迅再次从绍兴到南京，担任中华民国临时政府教育部职员，开始了公务员生涯。用今天的话说，鲁迅在南京度过了学生时代、青春时代，接触新学科目，广泛阅读外国学术、文艺著作的译本，思想上产生了巨大变化。

徐先生是南京师范大学附属中学高级教师，南京鲁迅纪念馆首任馆长。十几年前他与同事们编著了一本《追寻鲁迅在南京》（中国画报出版社2007年9月版），修订版《寻求别样的人们——鲁迅在南京》（江苏凤凰文艺出版社2016年9月版），资料翔实，是南京鲁迅纪念馆建馆的材料基础，也是纪念馆发展的纪录，填补了鲁迅研究领域的一些空白，很受学界重视。

现在，在那本书的基础上产生的《图说鲁迅在南京》，是一部面向更多读者的图文并茂的图书，更直观，更生动，可读性更强。

最近几个月，徐先生常常来信商量配图的事，有一次说到南京时期鲁迅竟没有一张照片存世，颇感遗憾。他到北京鲁迅博物馆参观“鲁迅生平陈列”，发现展览中用图像提取技术，以鲁迅青年时期的照片为底本合成一个少年鲁迅，是一个不错的办法，希望在书中采用。但我们经过一番讨论，觉得用在图书上不妥，终于放弃了。

与此类似，用图像表现鲁迅在南京时期的读书生活，请画家根据现在读者的欣赏习惯创作一些作品，也需谨慎。1980 年前后，南京鲁迅纪念馆请美术家裘沙先生创作了“鲁迅在南京”肖像，用在鲁迅生平展览上。本书收录了这一张肖像及其他美术家的作品。不过，我们的共识是，不同艺术家对鲁迅的面貌和精神有不同理解，太多使用会出现不统一、不协调的现象。

还有一次，徐先生来信询问鲁迅在南京学习采矿学时搜集的矿石图片，我向同事、同行打听，帮助寻找线索。徐先生最近来信，发来一幅以鲁迅时代的南京地图为基础绘制的鲁迅在南京足迹图，给了我启发，似乎一下子捕捉到为他这本书写一篇读后感文字的灵感。这篇读后感，承徐老师信任，将印在该书卷首作为小引。

看到鲁迅在南京足迹图上的仪凤门——通过此门到水师学堂——我想起了几年前徐老师发给我的水师学堂教学设施之一——桅杆的图片，上面攀附着好多个学员。我当时还想：那些爬在桅杆上的学员中可有周树人？可惜图片的拍摄日期不详。鲁迅在《琐记》中这样描写桅杆：“因为它高，乌鸦喜鹊，都只能停在它的半途的木盘上。人如果爬到顶，便可以近看狮子山，远眺莫愁湖……”鲁迅在桅杆上看到的两个地方，在南京名气都很大，足迹图上自然赫然标明。我曾编纂过《朝花夕拾》的注释本，常常不满足于文字注释，很想找来图片，与文字互相参证，让读者获得直观的印象。徐老师的书中提供这样的足迹图和名胜图，让读者获得感性认识，一下子拉近了读者与“南京鲁迅”的距离。

那么，这篇读后感就假设我在为《琐记》配图，借用徐先生的“图说”，来一个按图“琐记”。

二

《朝花夕拾》中，叙述南京生活的只有一篇《琐记》，篇幅本来不大，开头还有几段不写南京而仍写绍兴，讲述“走异地”到南京读书的原因，如对人际关系的反感和厌恶、家庭经济拮据等，归结为“好。那么，走罢！”和“无须学费的学校在南京，自然只好往南京去。”

走水路到南京，要从下关上岸，于是，1888 年德国人骆博凯拍摄的下关照片就进入读者的视野。接下来自然是从仪凤门进城。这座门 100 多年来几经变迁，早已非复旧观。本书对古今仪凤门的图片做的图注颇有历史沧桑感：“仪凤门，即兴中门，是南京城西北面第一门，是当时从下关轮船码头进城的必经之路。

清朝仪凤门为单孔城门，上设两层箭楼。咸丰三年（1853），太平天国军队以地道炸塌仪凤门附近城墙，攻克南京。清末到民国初年，仪凤门是南京的交通要塞。《金陵通纪》：'光绪二十一年，创筑马车路，自碑亭巷出仪凤门，造铁桥于下关，以通洋棚，遍城行东洋车。' 2006年重建城门，这里仍是南京城北的重要通道。鲁迅入学后常从这里到下关去散步喝茶。"

这样就到了学校。《琐记》中说的"目下不知道称为什么了，光复以后，似乎有一时称为雷电学堂"，记忆基本准确：水师学堂1913年更名为海军军官学校，1915年改名为海军雷电学校。"雷电"有物为证："枪炮"门额原物现藏南京鲁迅纪念馆，"雷电"门额原物现藏绍兴鲁迅纪念馆，与学堂初创时的驾驶、管轮、鱼雷三班架构有一致性。

水师学堂的二门以内，旧建筑至今仍有遗存。进二门为卷棚式轿厅，穿过过道第二进有一座中式二层楼房，楼下暖阁东侧一室为总办办公地，西室是提调办公室。再后一进，人们称作"大庙"，再后面则是风雨操场，就是高高的桅杆矗立的地方。石井栏在英籍教员楼后面，曾经是唯一刻有"江南水师学堂"字迹的文物，可惜原件损毁，只有照片留存。本书除收录这张照片外，还收录学员操练照、鱼雷班师生合影、教职员在英籍教员楼前合影等珍贵图片。

同样，江南陆师学堂教职员的合影也有收录，有一张是1898年5月陆师学堂总办钱德培赠给德国教官骆博凯的。书中介绍江南陆师学堂德国军官的欧式住房，配以1899年12月骆博凯所摄照片，图注为：“现为南京鲁迅纪念馆”，即在南京师范大学附属中学校园内。还有“总办楼”，图注为：“现称鲁迅读书处，该楼由挹江门街道鲁迅园社区管辖，供社区举办社会活动，是全国第一个鲁迅走进社区的场所”，历史感和现实感交融在一起。

鲁迅读书期间，教科书稀缺，学生听讲义，主要靠手抄。鲁迅留下多册讲义笔记，如《开方》《水学入门》《八线》等，书中都有充分的反映，不但有图片资料，还做了较详细的说明。如对《几何学》笔记的说明：

纵 26.6 厘米，横 20.3 厘米。纸质，1 册。纸捻装订。封面右下方署“周树人”名。行书，墨笔抄写，字迹工整。“论点线面体，及各形之理，并度其大小为几何，形有三，度长阔厚是也。”内分“开端”“求作”“证题”三篇。附有大量图解，铅笔绘制，线条清晰。

用图说的方式展示学堂时期的鲁迅，当会引起今日青年学生们的关注和喜爱，有助于他们在学习中思考和借鉴。

最近有学者在南京水师学堂旧址（后来的海军部、海军某研究所）发现了一些遗迹和档案材料，如果有与游泳池、舰船之类的记载甚至有图片为证，那就更其珍贵了。

《图说鲁迅在南京》的配图，基于但不限于《琐记》，而是延伸开去，深入下去，寻找大量图像资料，帮助读者认识鲁迅时代的南京文化氛围、民情风俗：有外国人在中国的经历概况及其对南京的观感，特别是南京陆师学堂德国教官骆博凯留下的南京影像；有《江南陆师学堂武备课程》；有20世纪50年代绘制的江南陆师学堂平面示意图；还有，为了让读者更好地理解鲁迅的毕业执照，提供了陆师黄尔甲、王鸣瑶、郑钰如的成绩单、考单、学照作为参照。

《琐记》中的人物，在水师学堂任教的鲁迅的叔祖周椒生值得注意，书中收录的光绪二十九年（1903）他和徐锡林与绍兴府学堂师生的合影极为珍贵，因为他的影像不大为人所见。此公在鲁迅笔下形象不佳，思想保守，反对变法，大骂康梁，不让侄孙读《天演论》之类书籍，政治上落伍。但他将几位侄子孙引入新式学堂，功劳不能抹杀，如书中所写："绍兴东昌坊口新台门周氏靠周椒生的奥援，共有5个弟子到江南水师学堂读书。他们是鲁迅的族叔周鸣山、亲叔周伯升、鲁迅、二弟周作人和族叔周冠五。鲁迅一家占三位。鲁迅母亲知恩图报，很感激周椒生的帮忙，每年放年假回家，都要送一只炖鸡给他，并再三道谢。"周椒生中过举，担任水师学堂汉文教席，学问虽然不算精湛，但底子总是不错的。别的不说，他为鲁迅的小叔改名"周文治"，为鲁迅改名"周树人"，引经据典，均为嘉名。绍兴的咸亨酒店，是周氏几位族人合开的，周椒生的儿子是大股东，那么，出自《易经·坤卦》"坤厚载物，德合无疆。含弘光大，品物咸亨"的酒店雅号想必也是他的主意。

还有一些物品和场景，若能增加图片就更具体可感，如水师学堂低班生卧室是“一桌一凳一床，床板只有两块”，而“头二班学生就不同了，二桌二凳或三凳一床，床板多至三块”，读者会不会想知道“两块”或“三块”床板是怎么回事？扩大地说，宿舍的摆设怎样用图画表现？这或者可以参考同时代人的记录文字进行复原。再如《琐记》讲到水师学堂的课程安排：“一星期中，几乎四整天是英文：‘It is a cat.’‘Is it a rat？’一整天是读汉文：‘君子曰，颍考叔可谓纯孝也已矣，爱其母，施及庄公。’一整天是做汉文：《知己知彼百战百胜论》，《颍考叔论》，《云从龙风从虎论》，《咬得菜根则百事可做论》。”水师学堂用的是英文教科书，随后鲁迅在矿路学堂朗读的“Der Mann，Das Weib, Das Kind。”是德文教科书，与此相关的高班生“上讲堂时挟着一堆厚而且大的洋书”和低班生用的“泼赖妈”，如果这些都“有图为证”，岂不更好！而当时学员们的作文卷子之类，现在恐怕无迹可寻了。

《琐记》中还提到游泳池被填平后，在上面造了一所小关帝庙，庙旁是一座焚化字纸的砖炉，炉口上方横写着四个大字“敬惜字纸”，这砖炉的构造以及和尚行法事超度灵魂的场面，如今已经难以找到图像资料了吧。

我所能想到的为《琐记》配图就是以上这些。徐先生编著的这本书大多实现了，还有些图片资料有待继续搜寻。

三

《图说鲁迅在南京》让“南京鲁迅”的形象更加完整和生动。多维度的南京，立体感的鲁迅，不但增加读者的兴味，并且对研究鲁迅在南京的学习生活和思想变化也具有基础性作用。

图文并茂书的特点是图片对文字有补充说明的效果，具有直观性和历史原真性，而且通过图像和文字的配合，追本溯源，让历史和现实结合起来，给读者的深入思考指出线路。

当然，图画也有其限度，并非文章中每个细节都能“有图为证”或“以图分解”，文字也自有其特长。如鲁迅描写在水师学堂看到的高班生的傲慢态度和霸道姿势：“便是空着手，也一定将肘弯撑开，像一只螃蟹，低一班的在后面总不能走出他之前。这一种螃蟹式的名公巨卿，现在都阔别得很久了，前四五年，竟在教育部的破脚躺椅上，发见了这姿势，然而这位老爷却并非雷电学堂出身的，可见螃蟹态度，在中国也颇普遍。”这是《琐记》中的精彩段落之一，想必很多读者看到这里都会会心一笑，但将这场景画出来却不大容易，需请专业画家创作，而那样的绘画书与本书就属于不同风格了。

南京是“世界文学之都”，文学地理发达，与文学相关的游学路线自然很多，鲁迅是一个显著的地标，围绕“南京鲁迅”开展活动，是题中应有之义。图片是静态的，而“南京鲁迅”是行动的。鲁迅在水师与陆师之间频繁来往，在城市中品茗、购物、游览，生活和学习内容丰富，有很大的演绎空间。例如，当时，从城北到城南有一条石子铺设的马车道，鲁迅从学堂到夫子庙状元境买书，即走此路。今天的读者，可以通过阅读文字和图片体会鲁迅行路之苦乐，而且，如果有时间和兴趣，也不妨亲自走一走，虽然现在的路是平直的柏油马路了。

实际上，南京目前就有一个很吸引人的游学项目，是让年满18岁的青年在一天之内环南京城墙走完一圈，即所谓“成人礼”活动。据南京鲁迅研究者介绍，这项活动的创意参考了鲁迅在南京的生活。沿南京城墙漫步，的确是“鲁迅含量”很高的颇具历史感和文学意味的活动。

2024年10月15日于北京

黄乔生，北京鲁迅博物馆（北京新文化运动纪念馆）原常务副馆长、研究馆员，中国鲁迅研究会副会长。

前 言

伟大的鲁迅，无人不晓。

鲁迅是中国现代文学的巨匠，新文学的奠基人，是著名的文学家、思想家、革命家、教育家。

只有认识鲁迅，才能认识现代中国；只有走进鲁迅的精神世界，特别是他的心灵世界，与他近距离接触，才能真正理解他的思想、精神，才能真正读懂他的作品，并在他的作品中认识古老和现代交融的中国，进而也就能够认识一个“真”的鲁迅。而认识青春的鲁迅，学生时代的鲁迅，是走进鲁迅不可或缺的。

鲁迅本名叫周樟寿，周树人这个名字是到南京才有的。

南京是鲁迅人生中的第一个驿站，是鲁迅走向世界的出发地，鲁迅的公务员生涯也是从南京开始的。

作为“文学之都”的南京，鲁迅在这里留下的青春足迹，是这座城市可贵的遗产。

鲁迅入学前几年，中国在中日甲午战争中惨败；鲁迅入学之年，光绪皇帝支持的维新运动被以慈禧太后为首的顽固派镇压，康有为、梁启超逃亡国外，2 年后，八国联军占领北京。这一切，使鲁迅对中国在列强争霸的世界中的命运深怀忧虑。

1898 年 5 月，鲁迅离开绍兴到南京，入免费的新式学堂学习，先考入江南水师学堂，半年后考入江南陆师学堂附设矿路学堂，4 年后从矿路学堂毕业。在这里，他热心阅读新书刊、接受新思想，如介绍达尔文进化论学说的《天演论》等。1902 年 3 月，鲁迅从南京到日本留学，从南京走向世界；10 年之后，1912 年，鲁迅又在南京开始了公务员生涯。鲁迅，“他年轻时期的第一个变化，是在这儿开始的。”（孙郁《鲁迅与南京》）鲁迅在南京开始了他人生的新征途。

百年沧桑，百年变迁，一代代新人蓬勃成长。那么，100 多年前的鲁迅，即十七八岁时的鲁迅在想什么、干什么，很能触动今天正朝气蓬勃的青年学生的思考和学习。为此，我们用图说的方式，通过大量图片及鲁迅自己的言说等，展示洋学堂时期的鲁迅、青春的鲁迅以及鲁迅在南京工作、生活的点滴、鲁迅笔下的南京等等，跟大家一起走进鲁迅、学习鲁迅、弘扬鲁迅精神。

第一章
鲁迅走异路，逃异地

离家

无须学费的学校在南京，自然只好往南京去。

——鲁迅《琐记》

鲁迅出生在历史悠久的江南水乡——历史文化名城绍兴。

鲁迅的故乡——绍兴

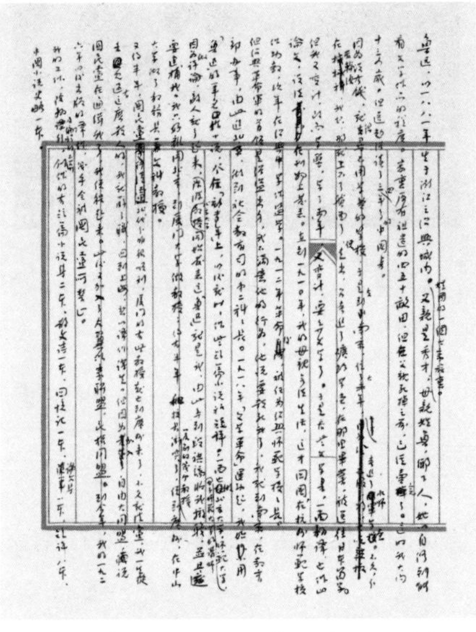

《自传》手稿（北京鲁迅博物馆藏）

我于一八八一年生在浙江省绍兴府城里的一家姓周的家里。父亲是读书的；母亲姓鲁，乡下人，她以自修得到能够看书的学力。听人说，在我幼小时候，家里还有四五十亩水田，并不很愁生计。但到我十三岁时，我家忽而遭了一场很大的变故，几乎什么也没有了；我寄住在一个亲戚家，有时还被称为乞食者。我于是决心回家，而我底父亲又生了重病，约有三年多，死去了。我渐至于连极少的学费也无法可想；我底母亲便给我筹办了一点旅费，教我去寻无需学费的学校去，因为我总不肯学做幕友或商人，——这是我乡衰落了的读书人家子弟所常走的两条路。

——鲁迅《俄文译本〈阿Q正传〉序及著者自叙传略》

南京下关（骆博凯1888年摄），鲁迅就是从这里登岸来到南京的

下关惠民河，今已废

在中日甲午战争中，北洋海军几乎全军覆没。随着外强入侵，人们对国家命运深怀忧虑，但对洋务教育至少是认同的。早鲁迅一年，鲁迅的祖父就让其小儿子伯升考入南京江南水师学堂，鲁迅随其后考入江南水师学堂。

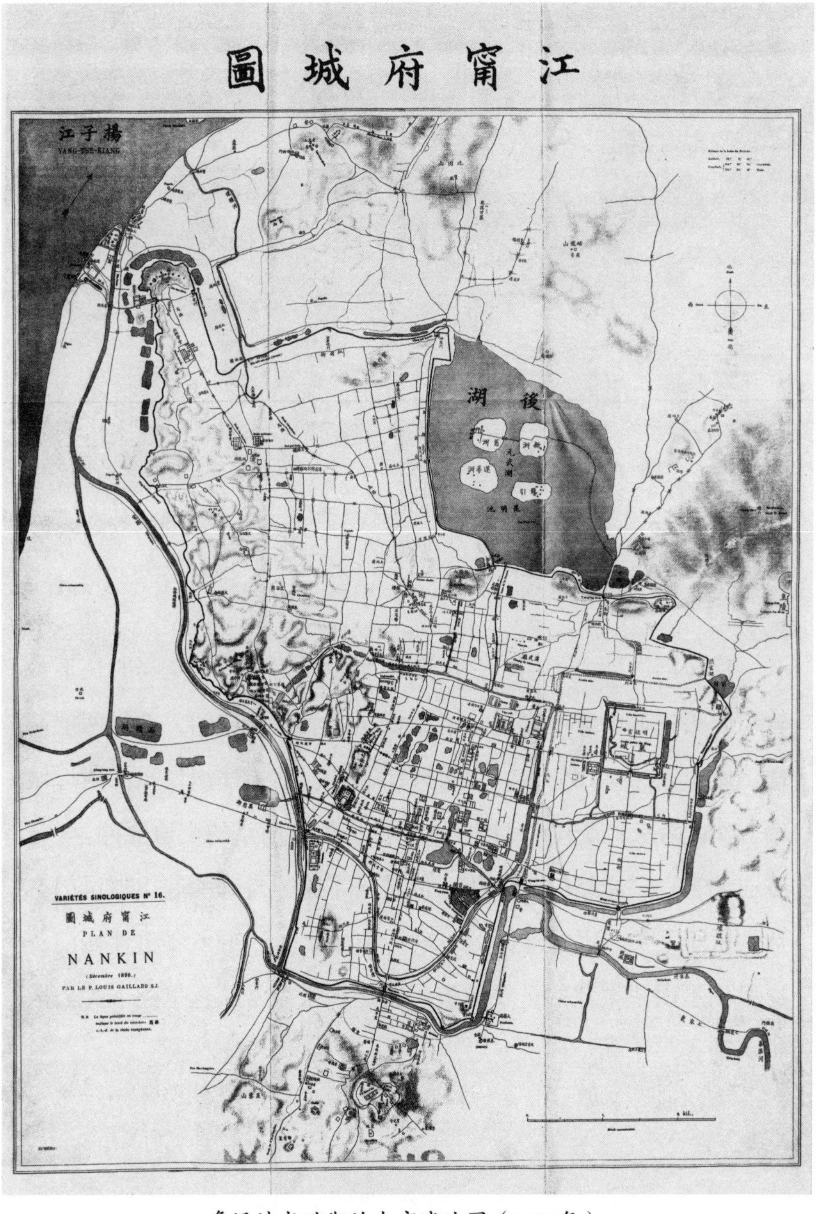

鲁迅读书时期的南京城地图（1898年）

仪凤门

仪凤门，即兴中门，是南京城西北面第一门，是当时从下关轮船码头进城的必经之路。清朝仪凤门为单孔城门，上设两层箭楼。咸丰三年（1853），太平天国军队以地道炸塌仪凤门附近城墙，攻克南京。清末到民国初年，仪凤门是南京的交通要冲。《金陵通纪》：“光绪二十一年，创筑马车路，自碑亭巷出仪凤门，造铁桥于下关，以通洋棚，遍城行东洋车。”2006 年重建城门，这里仍是南京城北的重要通道。鲁迅入学后常从这里到下关去散步喝茶。

复建后的仪凤门

鲁迅像（裘沙　绘）

目前，未发现鲁迅在南京读书期间个人的影像资料。1980 年，特请著名美术家裘沙先生创作鲁迅在南京时的肖像，供南师附中鲁迅纪念室（南京鲁迅纪念馆前身）展示。本图根据鲁迅 1903 年摄于日本的断发照绘制。

第二章
鲁迅在江南水师学堂

鲁迅在水师学堂（夏葆元、林旭东　绘）

因为没有钱，就得寻不用学费的学校，于是去到南京，住了大半年，考进了水师学堂。不久，分在管轮班……

——鲁迅《自传》

走向新的天地

江南水师学堂创办于清光绪十六年（1890）冬，是洋务运动中最早兴办的学堂之一。学堂分驾驶、管轮、鱼雷三班。鲁迅于1898年5月，接过母亲筹办的八元路费，来到这里。经过入学考试，题目是《武有七德论》，录取为试习生，三月后补到三班。

江南水师学堂二门现状

现在仪凤门南边的挹江门和中山北路均系1929年孙中山先生移灵奉安大典时所辟。水师学堂原先的大门恰好在马路的中心，大门两柱一边写“中流砥柱”，一边书“大雅扶轮”，这些已经不复存在了。

学生训练登桅杆的情形

一进仪凤门，便可以看见它那二十丈高的桅杆和不知多高的烟通。

人如果爬到顶，便可以近看狮子山，远眺莫愁湖……

——鲁迅《琐记》

水师学堂二门以内，建筑物至今所存尚多。进二门为卷棚式轿厅，穿过过道第二进有一座中式二层楼房，楼下暖阁东侧一室为总办办公地，西室是提调办公室。再后一进，人们称作“大庙”，再后面则是风雨操场，过去有高高的桅杆。

江南水师学堂教室走廊

江南水师学堂长廊

江南水师学堂押签房

江南水师学堂大庙

江南水师学堂教室

在水师学堂英籍教员楼前合影。此楼至今保存完好

不满乌烟瘴气

我在 N 的学堂做学生的时候，也曾经因这“钊”字碰过几个小钉子，但自然因为我自己不“安分”。一个新的职员到校了，势派非常之大，学者似的，很傲然。可惜他不幸遇见了一个同学叫“沈钊”的，就倒了楣，因为他叫他“沈钧”，以表白自己的不识字。于是我们一见面就讥笑他，就叫他为“沈钧”，并且由讥笑而至于相骂。两天之内，我和十多个同学就迭连记了两小过两大过，再记一小过，就要开除了。但开除在我们那个学校里并不算什么大事件，大堂上还有军令，可以将学生杀头的。做那里的校长这才威风呢，——但那时的名目却叫作“总办”的，资格又须是候补道。

——鲁迅《忽然想到（八）》

江南水师学堂石井栏。此石井栏坐落在英籍教员楼后面，这是唯一留有“江南水师学堂”字迹的文物，后被毁坏

1900年江南水师学堂练兵

原先还有一个池，给学生学游泳的，这里面却淹死了两个年幼的学生。当我进去时，早填平了，不但填平，上面还造了一所小小的关帝庙。庙旁是一座焚化字纸的砖炉，炉口上方横写着四个大字道：“敬惜字纸”。

——鲁迅《琐记》

“每年七月十五，总请一群和尚到雨天操场来放焰口”，鲁迅十分反感，形容为“乌烟瘴气”。

江南水师学堂鱼雷班师生

江南水师学堂“鱼雷”门额，现藏绍兴鲁迅纪念馆

江南水师学堂“枪炮”门额，现藏南京鲁迅纪念馆

江南水师学堂角亭

鲁迅说：“我也曾学过海军，现在知道的人是很少了，一般人都以为我仅学过医学，校名雷电（鲁迅于1898年考入的南京江南水师学堂，于1913年更名为海军军官学校，1915年又改

名为海军雷电学校。编者注），实习时却只能在内舱机器间中，后来知道只有福建人才可在舱面甲板上工作，外省人一律只好管理机器间。照这样下去，等到船沉了还钻在里面不知道呢！所以我就不干了。”

——杨霁云《琐忆鲁迅》

功课、手抄讲义

功课也简单，一星期中，几乎四整天是英文：“It is a cat.”“Is it a rat？”一整天是读汉文：“君子曰，颍考叔可谓纯孝也已矣，爱其母，施及庄公。”一整天是做汉文：《知己知彼百战百胜论》，《颍考叔论》，《云从龙风从虎论》，《咬得菜根则百事可做论》。

——鲁迅《琐记》

水學入門
全冊
周樹人

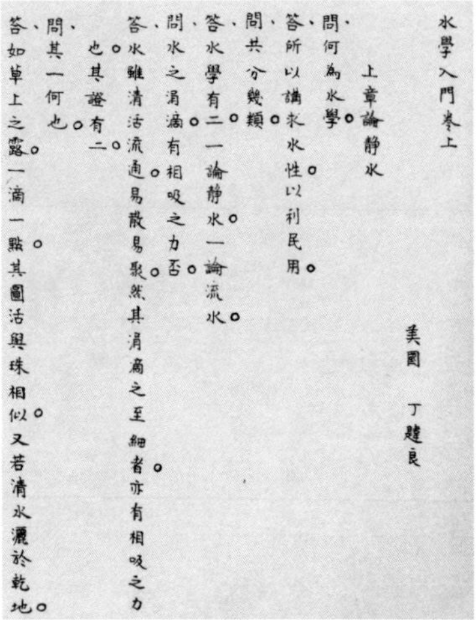
水學入門卷上
上章論靜水
美國 丁韙良
問、何為水學。
答、所以講求水性。以利民用。
問、共分幾類。
答、水學有二。一論靜水。一論流水。
問、水之涓滴有相吸之力否。
答、水雖清活流通。易散易聚。然其涓滴之至細者。亦有相吸之力也。其證有二。
問、其一何也。
答、如草上之露。一滴一點。其圓活與珠相似。又若清水灑於乾地。

《水学入门》讲义

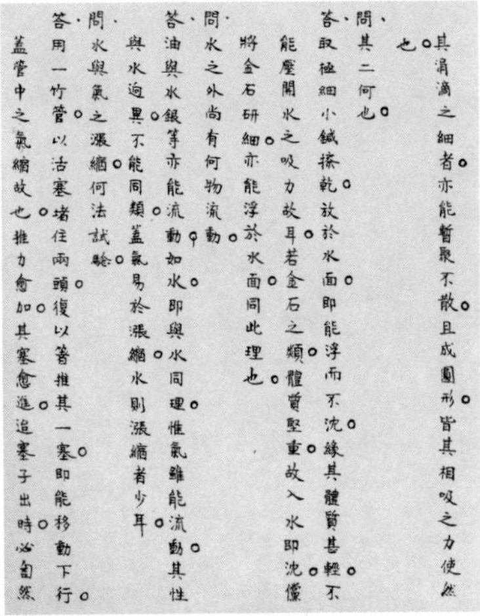

其涓滴之細者。亦能暫聚不散。且成圓形。皆其相吸之力使然也。

問、其二何也。

答、取極細小鍼搽乾。放於水面。即能浮而不沈。緣其體質甚輕。不能壓開水之吸力故耳。若金石之類。體質堅重。故入水即沈。儻將金石研細。亦能浮於水面。同此理也。

問、水之外尚有何物流動。

答、油與水銀等亦能流動。如水。即與水同理。惟氣雖能流動。其性與水迥異。不能同類。蓋氣易於漲縮。水則漲縮者少耳。

問、水與氣之漲縮。何法試驗。

答、用一竹管。以活塞堵住兩頭。復以箸推其一塞。即能移動下行。蓋管中之氣縮故也。推力愈加。其塞愈進。迫塞子出時。必匐然

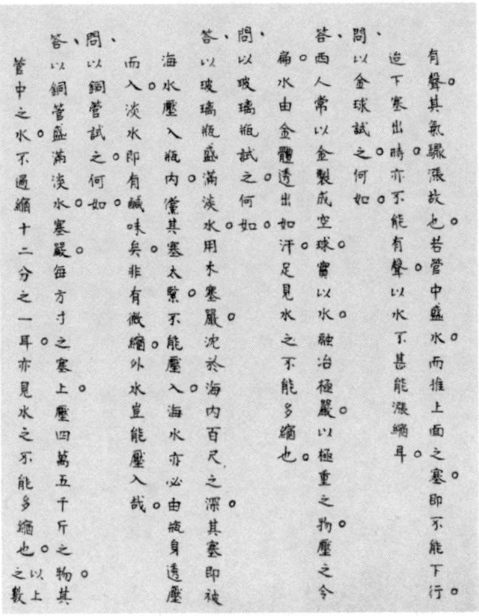

有聲。其氣驟漲故也。若管中盛水。而推上面之塞。即不能下行。迨下塞出時。亦不能有聲。以水不甚能漲縮耳。

問、以金球試之何如。

答、西人常以金製成空球。實以水。融冶極嚴。以極重之物壓之令扁。水由金體透出如汗。足見水之不能多縮也。

問、以玻璃瓶試之何如。

答、以玻璃瓶盛滿淡水。用木塞嚴。沈於海內百尺之深。其塞即被海水壓入瓶內。儻其塞太緊。不能壓入。海水亦必由瓶身透壓而入。淡水即有鹹味矣。非有微縮。外水豈能壓入哉。

問、以銅管試之何如。

答、以銅管盛滿淡水。塞嚴。每方寸之塞上。壓四萬五千斤之物。其管中之水。不過縮十二分之一耳。亦見水之不能多縮也。(以上之數)

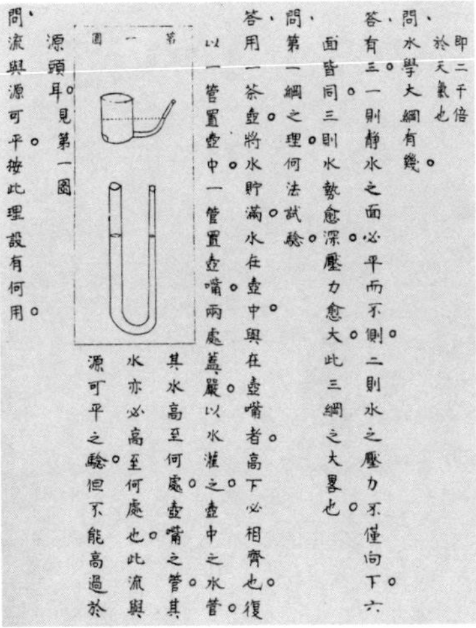

即二千倍於天氣也

問、水學大綱有幾。

答、有三。一則靜水之面必平而不側。二則水之壓力不僅向下。六面皆同。三則水勢愈深。壓力愈大。此三綱之大畧也。

問、第一綱之理。何法試驗。

答、用一茶壺。將水貯滿。水在壺中。與在壺嘴者。高下必相齊也。復以一管置壺中。一管置壺嘴。兩處蓋嚴。以水灌之。壺中之水管。其水高至何處。壺嘴之管。其水亦必高至何處也。此流與源可平之驗。但不能高過於源頭耳。見第一圖

第一圖

問、流與源可平。按此理設有何用。

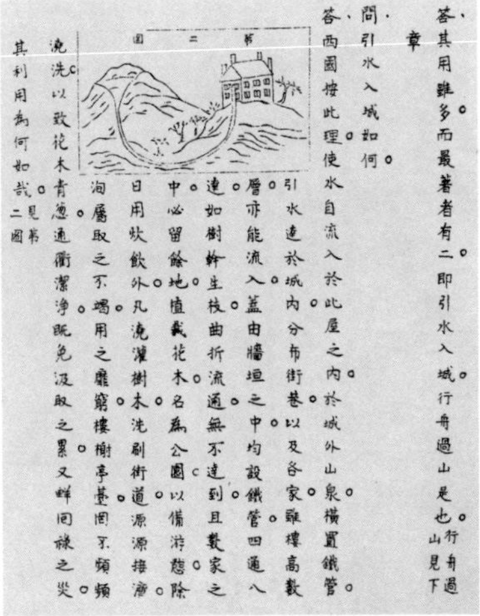

答、其用雖多。而最著者有二。即引水入城。行舟過山是也。(行舟過山見下章)

問、引水入城如何。

答、西國按此理。使水自流入於此屋之內。於城外山泉。橫置鐵管。引水達於城內。分布街巷。以及各家。雖樓高數層。亦能流入。蓋由牆垣之中。均設鐵管。四通八達。如樹幹生枝。曲折流通。無不達到。且數家之中。必留餘地。植栽花木。名爲公園。以備游憩。除日用炊飲外。凡澆灌樹木。洗刷街道。源源接濟。洵屬取之不竭。用之靡窮。樓榭亭臺。固不頻頻澆洗。以致花木青葱。通衢潔淨。既免汲取之累。又鮮囘祿之災。其利用爲何如哉。(見第二圖)

第二圖

《水学入门》讲义

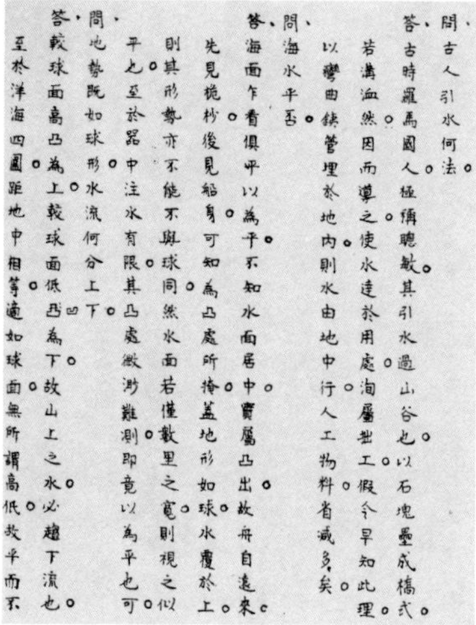

問、古人引水何法。
答、古時羅馬國人。極稱聰敏。其引水過山谷也。以石塊壘成橋式。若溝洫然。因而導之。使水達於用處。洵屬拙工。假令早知此理。以彎曲鐵管埋於地內。則水由地中行。人工物料。省減多矣。
問、海水平否。
答、海面乍看俱平。以為平。不知水面居中。實屬凸出。故舟自遠來。先見桅杪。後見船身。可知為凸處所掩。蓋地形如球。水覆於上。則其形勢亦不能不與球同。然水面若僅數里之寬。則視之似平也。至於器中注水有限。其凸處微渺難測。即竟以為平也可。
問、地勢既如球形。水流何分上下。
答、較球面高凸為上。較球面低凹為下。故山上之水。必趨下流也。至於洋海四圍。距地中相等。適如球面。無所謂高低。故平而不

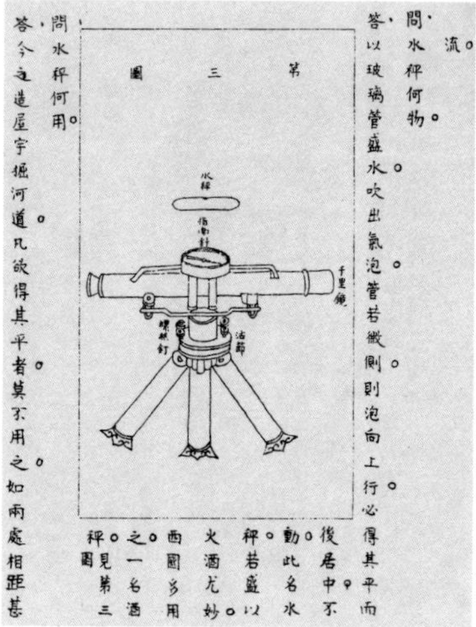

流。
問、水秤何物。
答、以玻璃管盛水。吹出氣泡。管若微側。則泡向上行。必得其平而後居中。不動。此名水秤。若盛以火酒尤妙。西國多用之。一名酒秤。見第三圖。
第三圖

問、水秤何用。
答、今之造屋宇。掘河道。凡欲得其平者。莫不用之。如兩處相距甚

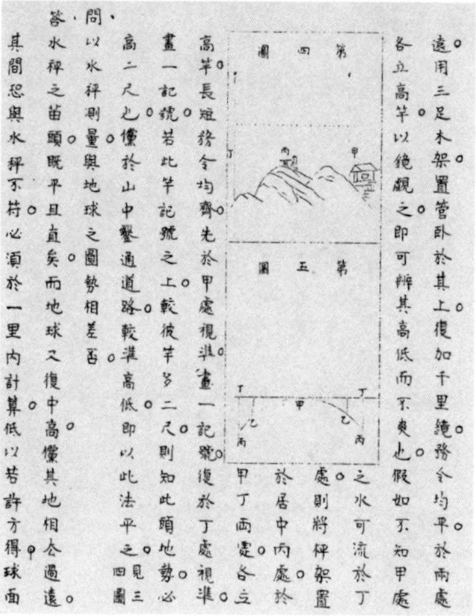

遠。用三足木架。置管卧於其上。復加千里鏡。務令均平。於兩處各立高竿。以鏡覷之。即可辨其高低而不爽也。假如不知甲處之水可流於丁處。則將秤架置於居中丙處。於甲丁兩處各立高竿。長短務令均齊。先於甲處視準。畫一記號。復於丁處視準。畫一記號。若此竿記號之上。較彼竿多二尺。則知此頭地勢必高二尺也。倘於山中鑿通道路。較準高低。即以此法平之。見三四圖
第四圖

第五圖

問、以水秤測量。與地球之圓勢相差否。
答、水秤之苗頭既平且直矣。而地球之復中高。儻其地相去過遠。其間恐與水秤不符。必須於一里內計算。低以若許方得球面

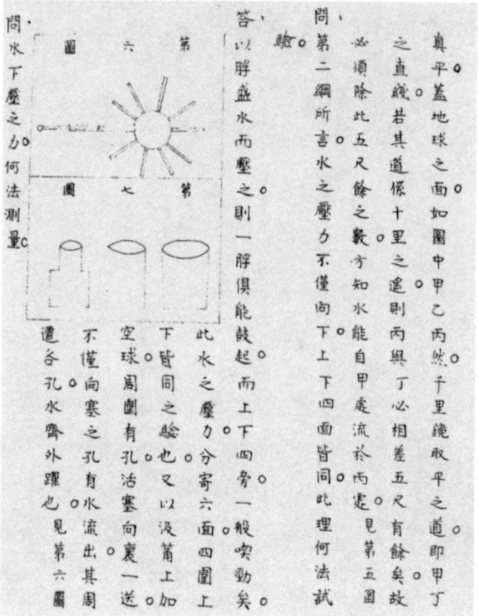

真平。蓋地球之面。如圖中甲乙丙然。千里鏡取平之道。即甲丁之直綫。若其道係十里之遙。則丙與丁必相差五尺有餘矣。故必須除此五尺餘之數。方知水能自甲處流於丙處。見第五圖
問、第二綱所言。水之壓力。不僅向下。上下四面皆同。此理何法試驗。
答、以脬盛水而壓之。則一脬俱能鼓起。而上下四旁。一般吹勁矣。此水之壓力。分寄六面四圍上下。皆同之驗也。又以汲筩上加空球。周圍有孔。活塞向裏一送。不僅向塞之孔有水流出。其周遭各孔。水齊外躍也。見第六圖
第六圖
第七圖
問、水下壓之力。何法測量。

《水学入门》讲义

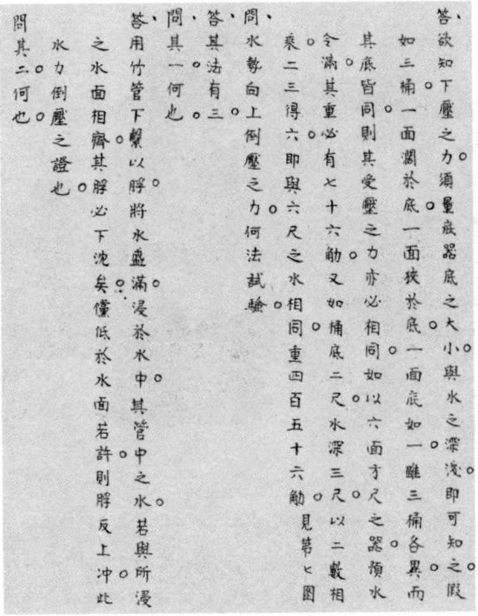
答、欲知下壓之力。須量底器底之大小。與水之深淺。即可知之。假
如三桶。一面濶於底。一面狹於底。一面底如一。雖三桶各異而
其底皆同。則其受壓之力亦必相同。如以六面方尺之器預水
令滿。其重必有七十六觔。又如桶底二尺。水深三尺。以二數相
乘。二三得六。即與六尺之水相同。重四百五十六觔。見第七圖
問、水勢向上倒壓之力。何法試驗。
答、其法有三。
問、其一何也。
答、用竹管下繫以脬。將水盛滿。浸於水中。其管中之水。若與所浸
之水面相齊。其脬必下沈矣。儻低於水面若許。則脬反上冲。此
水力倒壓之證也。
問其二。何也。

《水学入门》讲义

手抄讲义《水学入门》是国家一级文物。纵 26.5 厘米，横 20 厘米。共 26 页，分上下两卷，用纸捻装订成 1 册。行书，墨笔抄写，字迹工整，是 1898 年鲁迅在南京江南水师学堂求学期间手录的课堂讲义。由“静水”“流水”“求水性以利民用”三部分组成，附有大量图解，铅笔绘制，线条清晰。讲义于 1953 年从鲁迅家藏书中发现，原件现藏绍兴鲁迅纪念馆。

清光绪二十九年（1903），周椒生（第二排左起第六人）、徐锡林（第二排左起第五人）与绍兴府学堂师生合影

周椒生，鲁迅的叔祖，光绪丙子科举人。周椒生亲戚施理卿，长期在南京两江总督府里办洋务文案，颇具权威，地位稳固。因施理卿的帮忙，周椒生以候补知县的资格被安排到南京江南水师学堂当汉文教习。该校总办方硕辅是一个“满身大烟气的道学家”，与他气味相投，后升任管轮堂监督、江南水师学堂提调（相当于教务长）。绍兴东昌坊口新台门周氏靠周椒生的奥援，共有5个弟子到江南水师学堂读书。他们是鲁迅的族叔周鸣山、亲叔周伯升、鲁迅、二弟周作人和族叔周冠五。鲁迅一家占3位。鲁迅母亲知恩图报，很感激周椒生的帮忙，每年放年假回家，都要送一只炖鸡给他，并再三道谢。

周椒生给鲁迅做了一件好事，将他的名字周樟寿改为“周树人”，取“百年树人”之意，成了鲁迅一生所用，也为人们熟知。

第三章
鲁迅在江南陆师学堂附设矿路学堂

鲁迅考进了矿路学堂

（夏葆元、林旭东　绘）

大约过了半年，我又走出，改进矿路学堂去学开矿……

——鲁迅《鲁迅自传》

江南陆师学堂创办于 1896 年，矿务铁路学堂开办于 1898 年 10 月。矿路学堂的设立，原是因为两江总督刘坤一听说青龙山的煤矿利好开办的，由张之洞向清廷奏请。

据故宫博物院明清档案馆存《江南筹防总局造呈大部核销江南创办陆师学堂起造房屋支用工料等项银两册》记载：建校时征收基地近 30 亩，还占有墓地、竹园、桑园等；起造中式房屋 230 间，洋式房屋 15 间，规模相当可观。

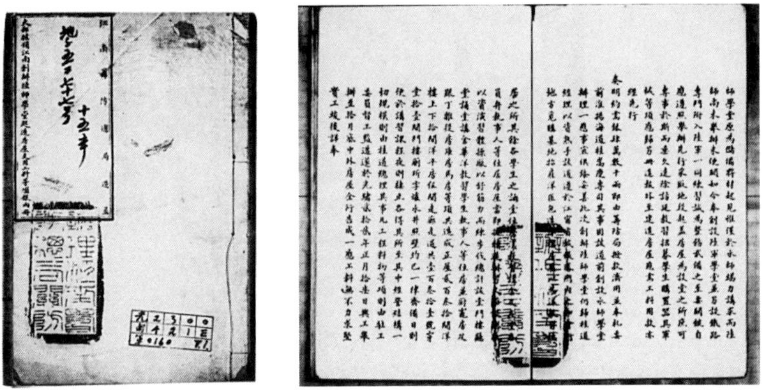

银两册封面及内页

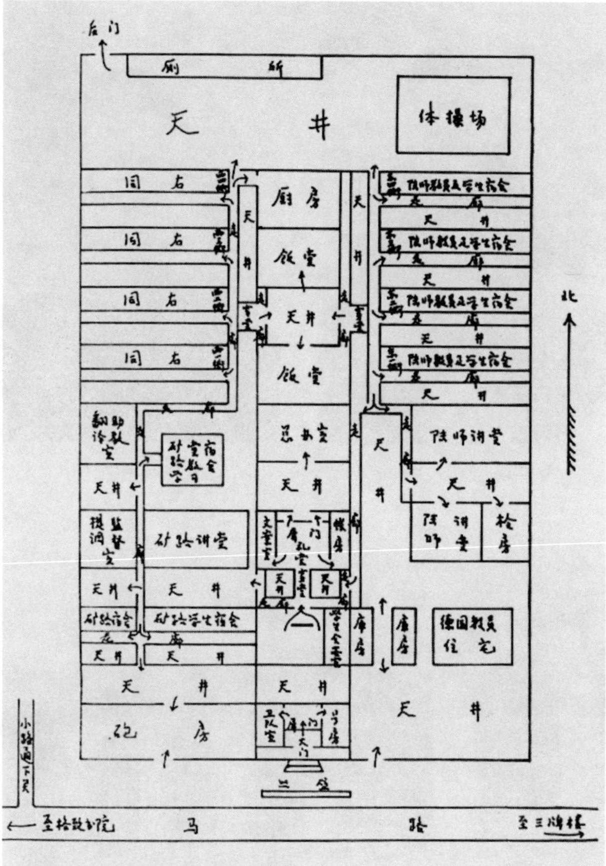

江南陆师学堂平面示意图（上海鲁迅纪念馆朱嘉栋20世纪50年代绘）

1896年（光绪二十二年）两江总督张之洞《奏请创立陆军学堂附设铁路学堂事折》提出：“今于仪凤门内和会街地方，创建陆军学堂”，主要是取其“宽旷清净，远隔市廛”，又离水师不远。

两江总督张之洞

两江总督刘坤一

江南陆师学堂提供给德国军官的欧式住房（1899 年 12 月摄），现为南京鲁迅纪念馆

1895 年，钱德培受张之洞委托办理江南陆师学堂，任总办，鲁迅多次见过他。教材《江南陆师学堂武备课程》，1899 年由总办钱德培纂辑，共 16 册，皆洋教习原授课程，分兵法、营垒、军器三大门类，依次介绍地势、测量等 15 门相关军事课程，2000 多页，刘坤一为该书写序。另外还辑印了《江南学堂课艺》等书。

陆师学堂总办钱德培

《江南陆师学堂武备课程》书影

《江南陆师学堂武备课程》内页，介绍军械方面知识

江南陆师学堂诸官员合影留念。图下文字为：1898年5月道台兼校长钱德培赠（赠骆博凯）

江南陆师学堂校舍

江南陆师学堂校舍

江南陆师学堂宿舍，鲁迅曾在这住过

江南陆师学堂礼堂

总办楼（现称鲁迅读书处，该楼由挹江门街道鲁迅园社区管辖，供社区举办社会活动，是全国第一个鲁迅走进社区的场所）

德国教员楼

现存江南陆师学堂大厅石鼓

操练中的陆师学堂学生

鲁迅在矿路学堂

鲁迅当年住过的宿舍

1. 学习新知识

矿路学堂仿照德制。除德文外，还有格致、地学、金石学、算学、地理、历史、绘图和体操等课程。这个学堂聘请了洋教习3人。张协和在《忆鲁迅在南京矿路学堂》中说：矿路学堂“入学考试分初试及复试两场，都只是作文章，初试的题目我已忘却，复试的题目是《不以规矩不能成方圆论》。我和鲁迅就是经过这样的考试而入学的”。

鲁迅在南京读过的书

鲁迅在这里开始接触物理、化学、数学等现代自然科学知识，并阅读翻译过来的外国文学和科学著作。

鲁迅在矿路学堂学习了 3 年。矿路学堂上课，主要是抄笔记。教师把整本的书抄在黑板上，让学生抄在笔记上。鲁迅专心致志，抄得既快又好。鲁迅手抄讲义《几何学》《开方》《开方提要》《八线》与《地质学笔记》五册，均在右下角署名“周树人”。《几何学》与《八线》中的图形系用铅笔绘制。这五册手抄讲义，文字系蝇头小楷，抄写英语、几何、代数、三角等语言符号，书写极工整清晰，可谓认真严格，一丝不苟。这五册手抄讲义现藏绍兴鲁迅纪念馆，是迄今所见鲁迅最早的墨迹，为国家一级文物。

《开方》，纵 26.5 厘米，横 19.8 厘米。纸质，1 册，纸捻装订。封面右下角署“周树人”名。行书，墨笔抄写，字迹工整。

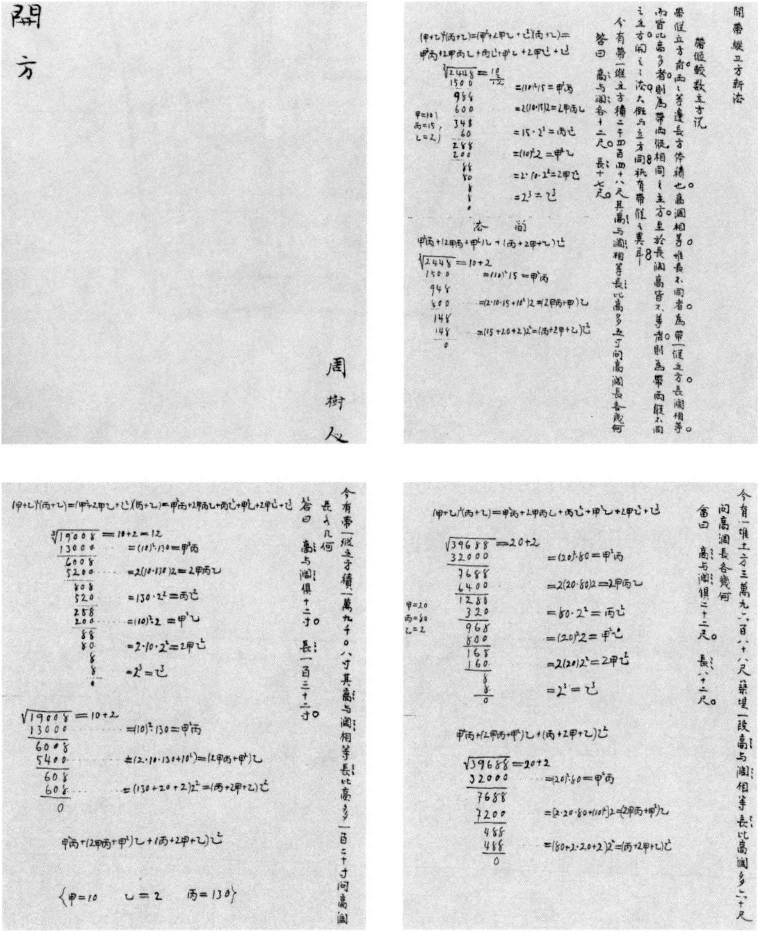

《开方》讲义

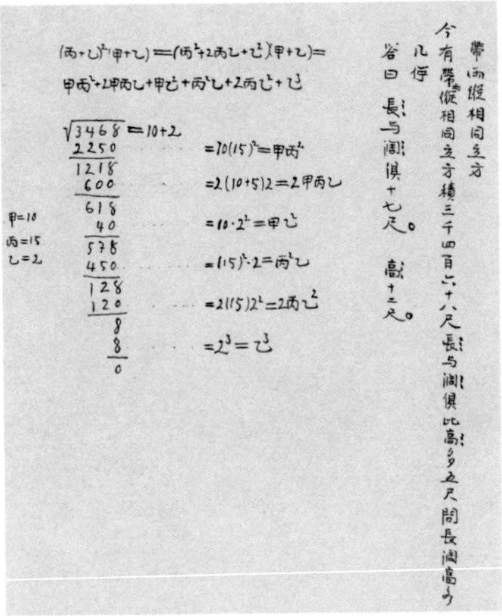
帶兩縱相同立方
今有帶兩縱相同立方積三千四百六十八尺長與闊俱比高多五尺問長闊高各幾何
答曰 長與闊俱十七尺。 高十二尺。
(丙+乙)²(甲+乙)=(丙²+2丙乙+乙²)(甲+乙)=
甲丙²+2甲丙乙+甲乙²+丙²乙+2丙乙²+乙³
甲=10
丙=15
乙=2

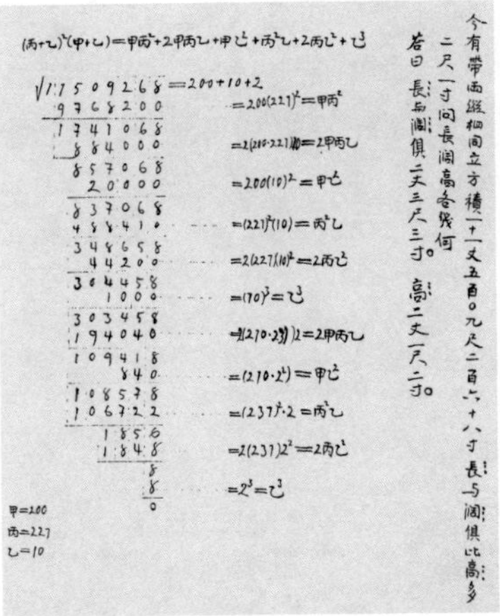
今有帶兩縱相同立方積一十一丈五百○九尺二百六十八寸長與闊俱比高多二尺一寸問長闊高各幾何
答曰 長與闊俱二丈三尺三寸。 高二丈一尺二寸。
(丙+乙)²(甲+乙)=甲丙²+2甲丙乙+甲乙²+丙²乙+2丙乙²+乙³
甲=200
丙=227
乙=10

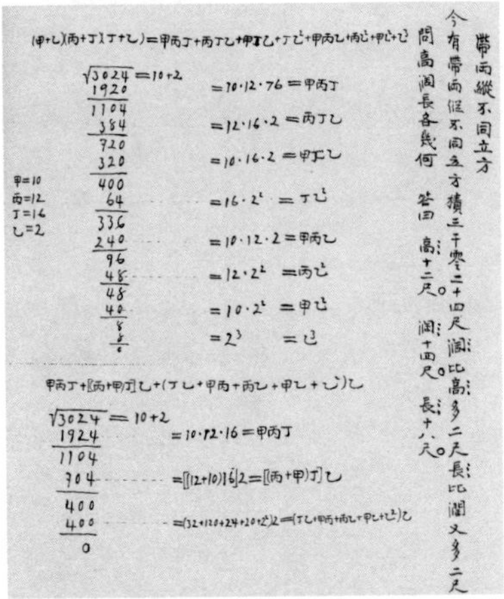
帶兩縱不同立方
今有帶兩縱不同立方積三千零二十四尺闊比高多二尺長比闊又多二尺問高闊長各幾何
答曰 高十二尺。 闊十四尺。 長十八尺。
甲=10
丙=12
丁=16
乙=2

《开方》讲义

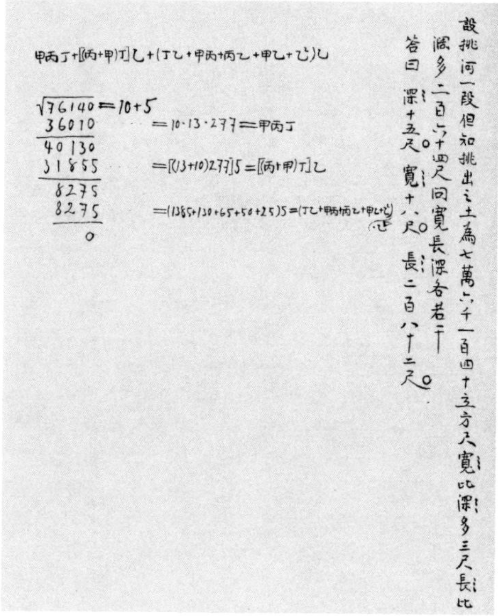

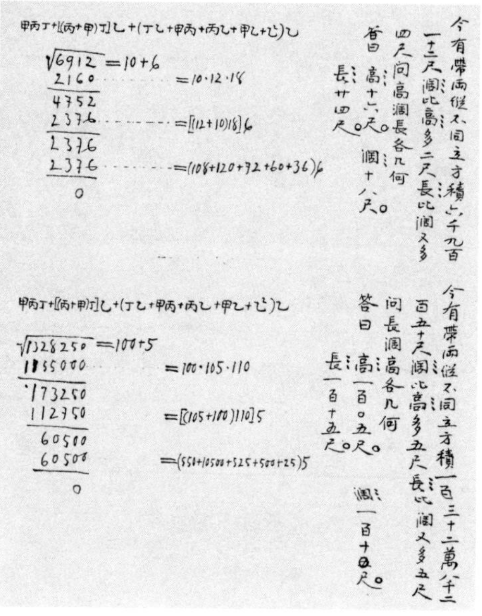

《开方》讲义

《开方提要》，纵 19 厘米，横 14.5 厘米。纸质，共 63 页，1 册，纸捻装订。天蓝色粉笺纸封面及封底。行书，墨笔抄写，字迹工整。由“总论”“天元定位说”“论西人通分连乘用公信数法”“比例新术”等部分组成，附有大量图解，铅笔绘制，线条清晰。原作《开方提要》系平阳黄庆澄撰。

開方提要

平陽　黃慶澄　撰

總論

凡數之根生於一凡方之根胎於二

說曰一者數之父也二者方之母也

凡一相引而成二二相引而成四四相引而成八八相引而至於無極

說曰一者元也二者根也四者平方也八者立方也無極者無量諸乘方也

凡自三乘方以上有其積無其體

說曰乘方者所以擴方之用濟體之窮故有其積不必有其體

凡開方之法略同於除除有法有實開方則有實無法故不曰除而曰商

說曰商者未定之詞也

凡初次所商之除法謂之初商二次所商之除法謂之次商做此以至無窮有無窮之方則有無窮之商

說曰此可見開方之法之無涯際也

凡初商所定者曰初商積次商所定者曰廉隅共積三商以下做此

說曰隅一而已廉則有長廉有平廉有立廉有無數乘廉方增一乘則廉亦增一乘所謂乘數愈多廉法愈繁也

諸乘方圖

元	一
根	二
平方	四
立方	八
三乘	一六
四乘	三二
五乘	六四
六乘	一二八
七乘	二五六

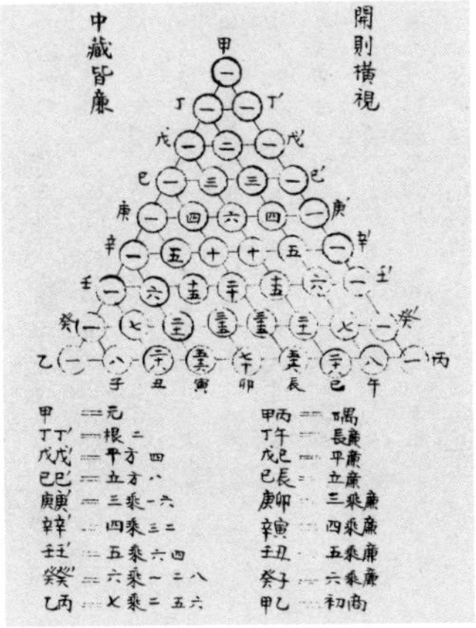

《开方提要》讲义

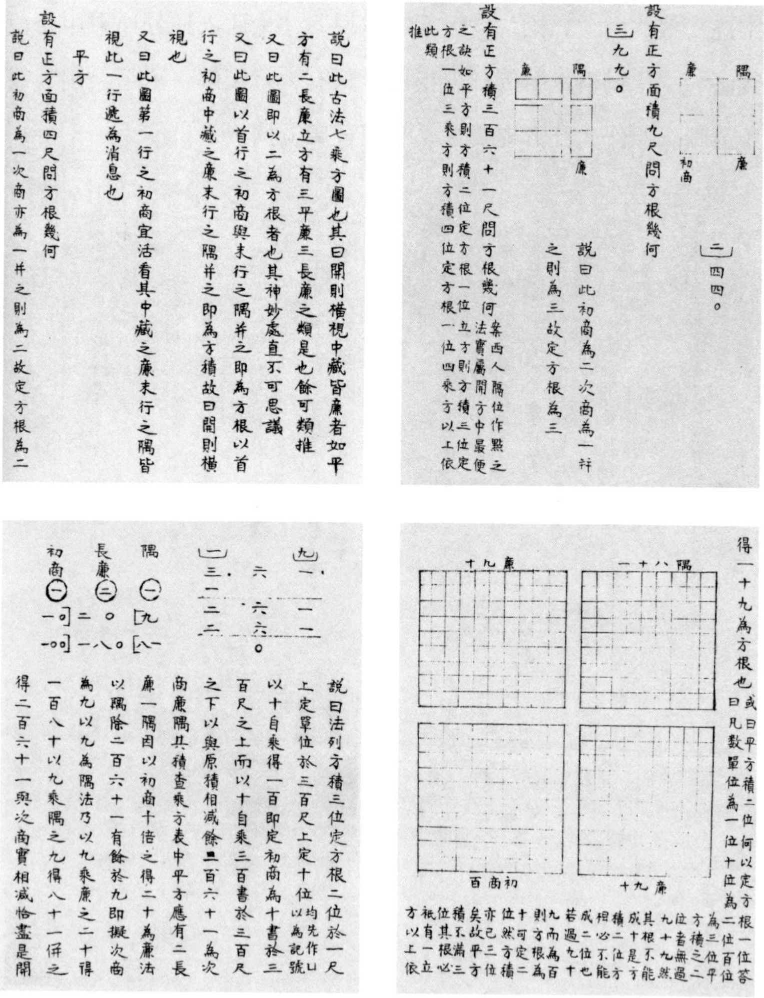

說曰此古法七乘方圖也其曰開則橫視中藏皆廉者如平方有二長廉立方有三平廉三長廉之類是也餘可類推

又曰此圖即以二為方根者也其神妙處直不可思議

又曰此圖以首行之初商與末行之隅并之即為方根以首行之初商中藏之廉末行之隅并之即為方積故曰開則橫視也

又曰此圖第一行之初商宜活看其中藏之廉末行之隅皆視此一行遞為消息也

平方

設有正方面積四尺問方根幾何

說曰此初商為一次商亦為一并之則為二故定方根為二

二
四四○

隅 廉 初商 廉

設有正方面積九尺問方根幾何

三
九九○

隅 廉 廉

說曰此初商為二次商為一并之則為三故定方根為三

設有正方積三百六十一尺問方根幾何

案西人隅位作點之法實屬開方中最便之訣如平方則方積二位定方根一位立方則方積三位定方根一位三乘方則方積四位定方根一位四乘方以上依此類推

九 一· 一 一 二
六 ·六 六 ○
二 三· 一 二 二

隅 ㊀ 九 八一
長廉 ㊁ 二○ 一八○
初商 ㊀ 一○ 一○○

說曰法列方積三位定方根二位於一尺上定單位於三百尺上定十位（均先作凵以為記號）以十自乘得一百即定初商為十書於三百尺之上而以十自乘三百書於三百尺之下以與原積相減餘二百六十一為次商廉隅共積查乘方表中平方應有二長廉一隅因以初商十倍之得二十為廉法以隅除二百六十一有餘於九即擬次商為九以九為隅法乃以九乘廉之二十得一百八十以九乘隅之九得八十一併之得二百六十一與次商實相減恰盡是開得一十九為方根也（或曰平方積二位何以定方根一位答曰凡數單位為一位十位為二位百位為三位平方積之二位者無過九十九然其根不能成十是方積二位方根必不能成二位也若過九十九而為百則方根為十可定二位然方積亦已三位矣故平方積不滿三位其根必祇有一立方以上依）

一十八隅 十九廉 十九廉 百商初

《开方提要》讲义

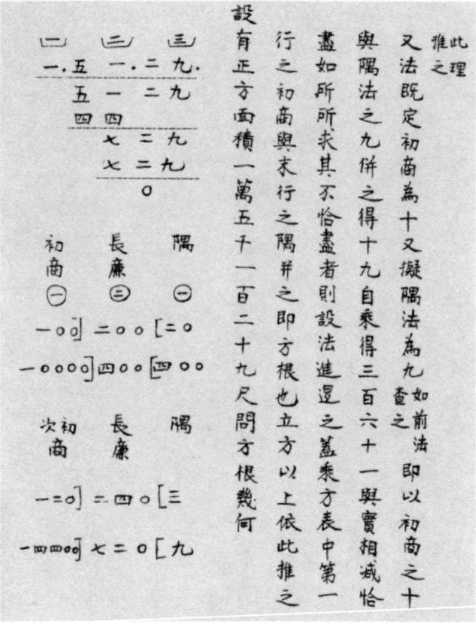
推此之理

又法既定初商為十又擬隅法為九如前法查之即以初商之十與隅法之九併之得十九自乘得三百六十一與實相減恰盡如所所求其不恰盡者則設法進退之蓋乘方表中第一行之初商與末行之隅并之即方根也立方以上依此推之

設有正方面積一萬五千一百二十九尺問方根幾何

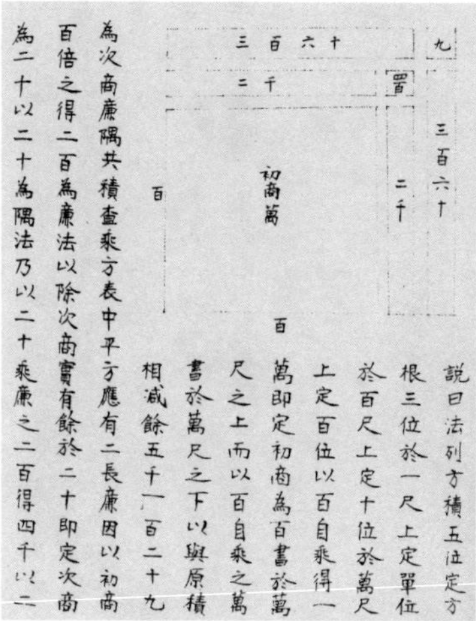
說曰法列方積五位定方根三位於一尺上定單位於百尺上定十位於萬尺上定百位以百自乘得一萬即定初商為百書於萬尺之上而以百自乘之萬書於萬尺之下以與原積相減餘五千一百二十九為次商廉隅共積查乘方表中平方應有二長廉因以初商百倍之得二百為廉法以除次商實有餘於二十即定次商為二十以二十為隅法乃以二十乘廉之二百得四千以二

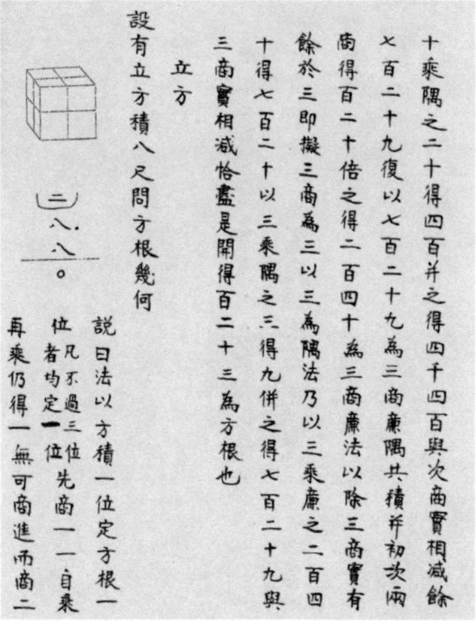
十乘隅之二十得四百并之得四千四百與次商實相減餘七百二十九復以七百二十九為三商廉隅共積并初次兩商得百二十倍之得二百四十為三商廉法以除三商實有餘於三即擬三商為三以三為隅法乃以三乘廉之二百四十得七百二十以三乘隅之三得九併之得七百二十九與三商實相減恰盡是開得百二十三為方根也

立方

設有立方積八尺問方根幾何

說曰法以方積一位定方根一位（凡不過三位者均定一位）先商一一自乘再乘仍得一無可商進而商二

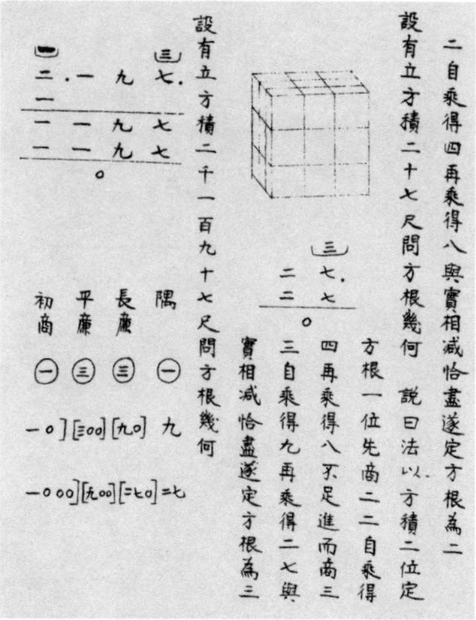
二自乘得四再乘得八與實相減恰盡遂定方根為二

設有立方積二十七尺問方根幾何

說曰法以方積二位定方根一位先商二二自乘得四再乘得八不足進而商三三自乘得九再乘得二七與實相減恰盡遂定方根為三

設有立方積二千一百九十七尺問方根幾何

《开方提要》讲义

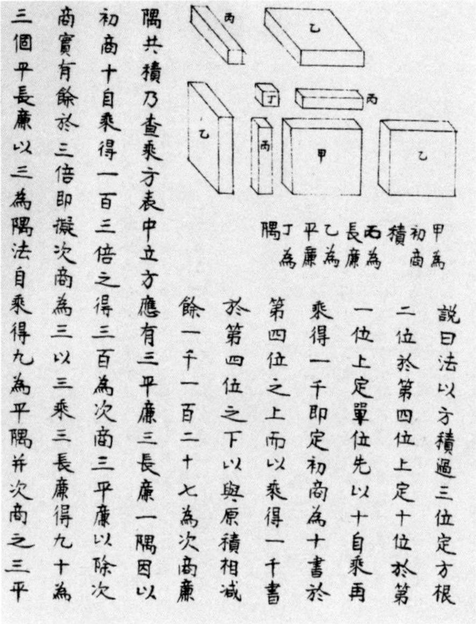

甲為初商積 丙為長廉 乙為平廉 丁為隅

說曰法以方積過三位定方根二位於第四位上定十位於第一位上定單位先以十自乘再乘得一千即定初商為十書於第四位之上而以乘得一千書於第四位之下以與原積相減餘一千一百二十七為次商廉隅共積乃查乘方表中立方應有三平廉三長廉一隅因以初商十自乘得一百三倍之得三百為次商三平廉以除次商實有餘於三倍即擬次商為三以三乘三長廉得九十為三個平長廉以三為隅法自乘得九為平隅并次商之三平

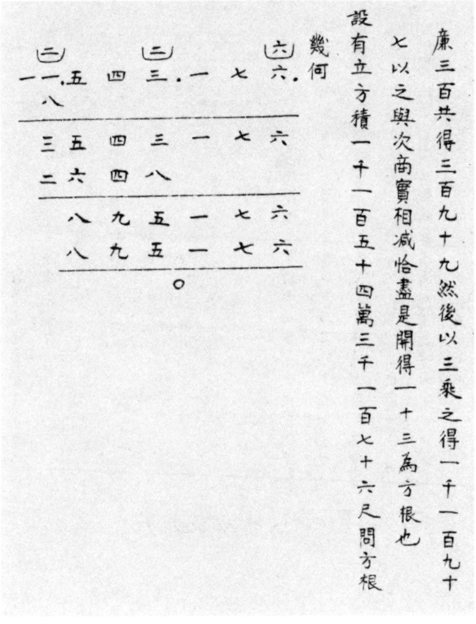

廉三百共得三百九十九然後以三乘之得一千一百九十七以之與次商實相減恰盡是開得一十三為方根也

設有立方積一千一百五十四萬三千一百七十六尺問方根幾何

㊁　　　㊁　　　㊅

一一.五　四　三.一　七　六.

八

三　五　四　三　一　七　六

二　六　四　八

八　九　五　一　七　六

八　九　五　一　七　六

○

《开方提要》讲义

《八线》，纵26.5厘米，横19.5厘米。纸质，1册，纸捻装订。封面右下方署“周树人”名。行书，墨笔抄写，字迹工整。八线，即函数。附有大量图解，铅笔绘制，线条清晰。

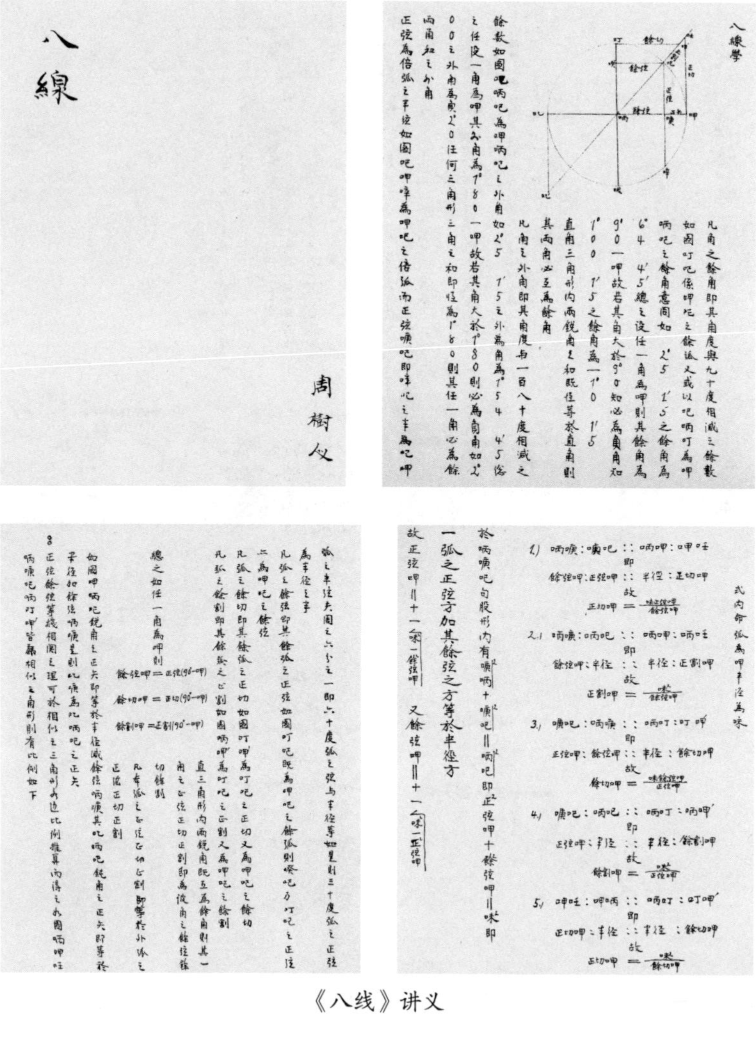

《八线》讲义

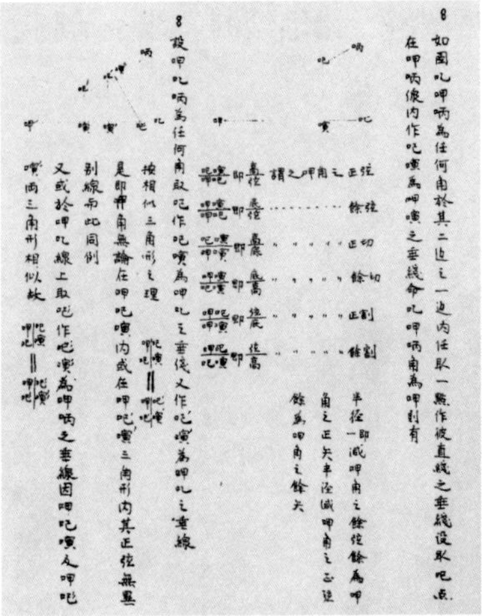

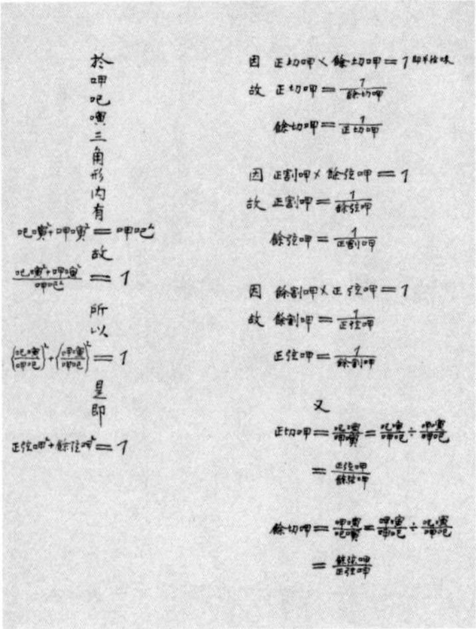

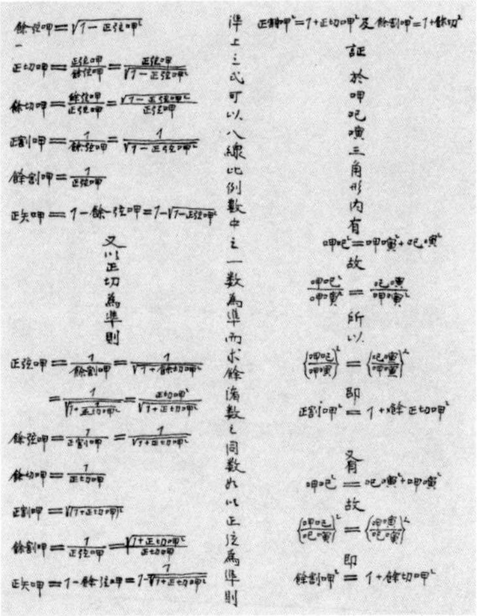

《八线》讲义

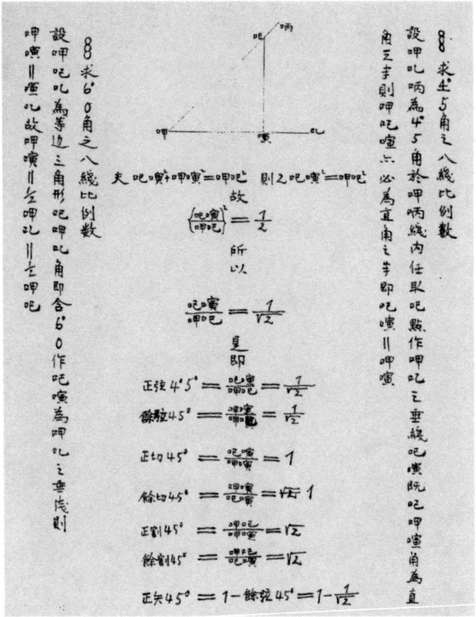

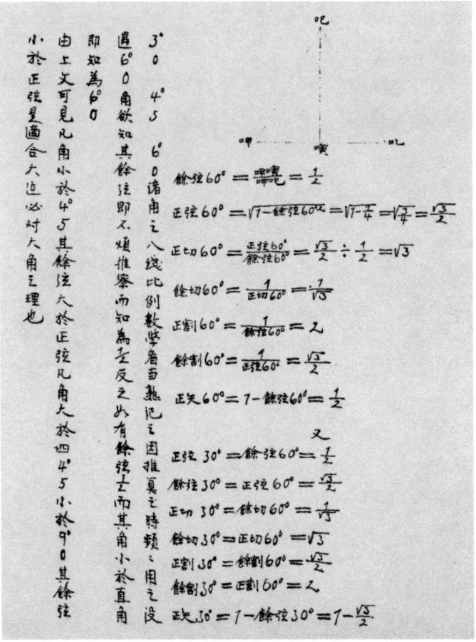

《八线》讲义

《几何学》，纵26.6厘米，横20.3厘米。纸质，1册。纸捻装订。封面右下方署“周树人”名。行书，墨笔抄写，字迹工整。“论点线面体，及各形之理，并度其大小为几何，形有三，度长阔厚是也。”内分“开端”“求作”“证题”三篇。附有大量图解，铅笔绘制，线条清晰。

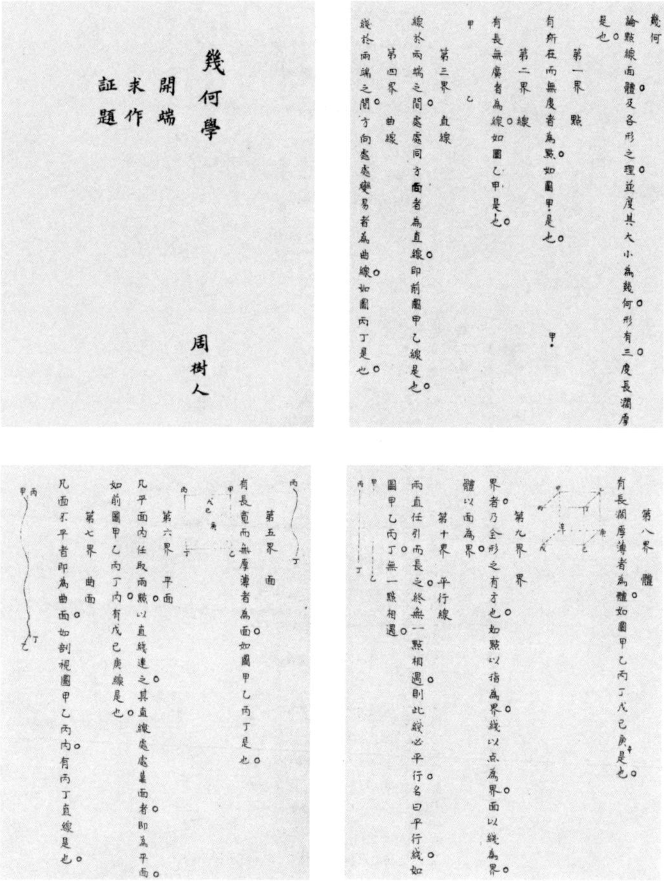

《几何学》讲义

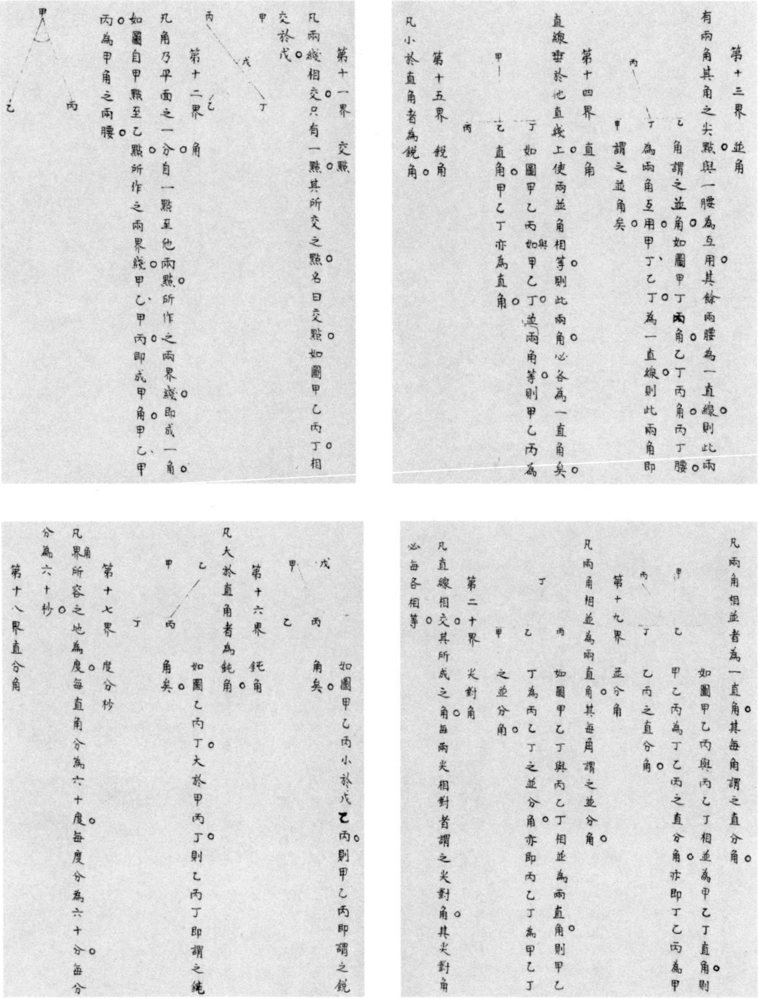

第十一界　交點

凡兩綫相交只有一點。其所交之點名曰交點。如圖甲乙丙丁相交於戊。

第十二界　角

凡角乃平面之一分。自一點至他兩點。所作之兩界綫即成一角。如圖自甲點至乙點所作之兩界綫甲乙、甲丙即成甲角。甲乙、甲丙為甲角之兩腰。

第十三界　並角

有兩角其角之尖點與一腰為互用。其餘兩腰為一直線。則此兩角謂之並角。如圖甲丁丙角。乙丁丙角。丙丁腰。為兩角互用。甲丁、乙丁為一直線。則此兩角即謂之並角矣。

第十四界　直角

直線垂於他直綫上。使兩並角相等。則此兩角必各為一直角矣。如圖甲乙丙與甲乙丁。並兩角等。則甲乙丙為直角。甲乙丁亦為直角。

第十五界　銳角

凡小於直角者為銳角。如圖甲乙丙小於戊乙丙。則甲乙丙即謂之銳角矣。

第十六界　鈍角

凡大於直角者為鈍角。如圖乙丙丁大於甲丙丁。則乙丙丁即謂之鈍角矣。

第十七界　度分秒

凡角界所容之地為度。每直角分為六十度。每度分為六十分。每分分為六十秒。

第十八界　直分角

凡兩角相並者為一直角。其每角謂之直分角。如圖甲乙丙與丙乙丁相並為甲乙丁直角。則甲乙丙為丁乙丙之直分角。亦即丁乙丙為甲乙丙之直分角。

第十九界　並分角

凡兩角相並為兩直角。其每角謂之並分角。如圖甲乙丁與丙乙丁相並為兩直角。則甲乙丁為丙乙丁之並分角。亦即丙乙丁為甲乙丁之並分角。

第二十界　尖對角

凡直線相交。其所成之角。每兩尖相對者謂之尖對角。其尖對角必每各相等。

《几何学》讲义

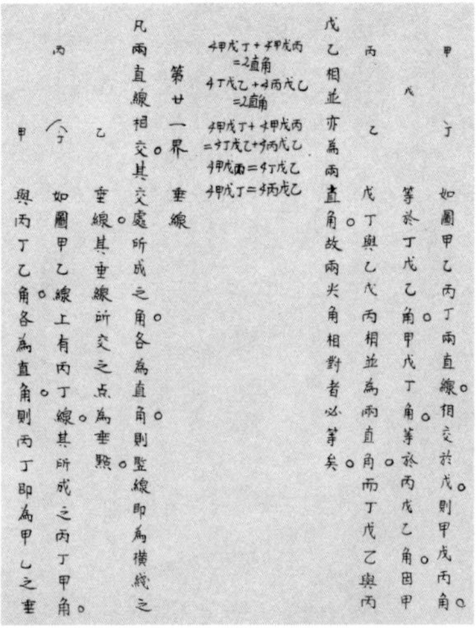
如圖甲乙丙丁兩直線。相交於戊。則甲戊丙角。等於丁戊乙角。甲戊丁角。等於丙戊乙角。因甲戊丁與乙戊丙相並為兩直角。而丁戊乙與丙戊乙相並亦為兩直角。故兩尖角相對者必等矣。

∠甲戊丁＋∠甲戊丙＝2直角
∠丁戊乙＋∠丙戊乙＝2直角
∠甲戊丁＋∠甲戊丙＝∠丁戊乙＋∠丙戊乙
∠甲戊丙＝∠丁戊乙
∠甲戊丁＝∠丙戊乙

第廿一界　垂線

凡兩直線相交。其交處所成之角。各為直角。則竪線即為橫線之垂線。其垂線所交之点。為垂點。

如圖甲乙線上有丙丁線。其所成之丙丁甲角。與丙丁乙角。各為直角。則丙丁即為甲乙之垂

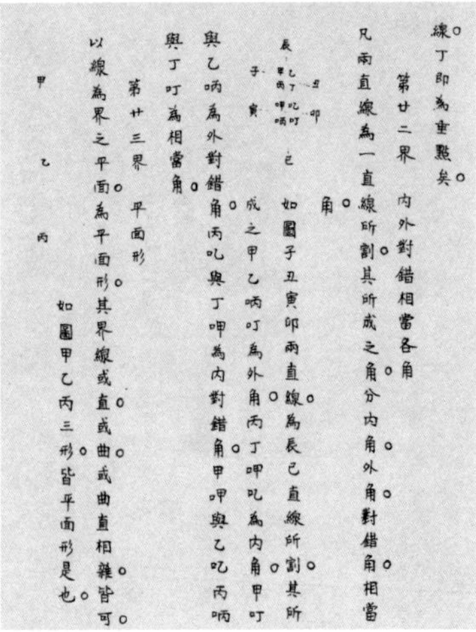
線。丁即為垂點矣。

第廿二界　內外對錯相當角

凡兩直線為一直線所割。其所成之角。分內角。外角。對錯角。相當角。

如圖子丑寅卯兩直線。為辰巳直線所割。其所成之甲乙吶叮為外角。丙丁呷叱為內角。甲叮與乙吶為外對錯角。丙叱與丁呷為內對錯角。甲呷與乙叱丙吶與丁叮為相當角。

第廿三界　平面形

以線為界之平面。為平面形。其界線或直。或曲。或曲直相雜。皆可。

如圖甲乙丙三形。皆平面形是也。

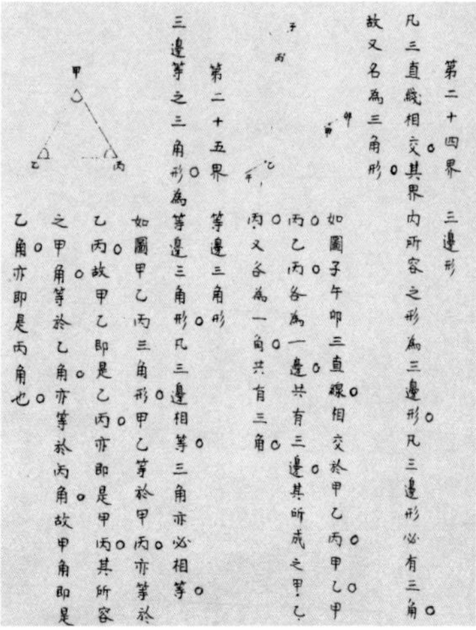
第二十四界　三邊形

凡三直線相交。其界內所容之形。為三邊形。凡三邊形必有三角。故又名為三角形。

如圖子午卯三直線。相交於甲乙丙。甲乙。甲丙。乙丙。各為一邊。共有三邊。其所成之甲。乙。丙。又各為一角。共有三角。

第二十五界　等邊三角形

三邊等之三角形。為等邊三角形。凡三邊相等。三角亦必相等。

如圖甲乙丙三角形。甲乙等於甲丙。亦等於乙丙。故甲乙即是乙丙。亦即是甲丙。其所容之甲角。等於乙角。亦等於丙角。故甲角即是乙角。亦即是丙角也。

《几何学》讲义

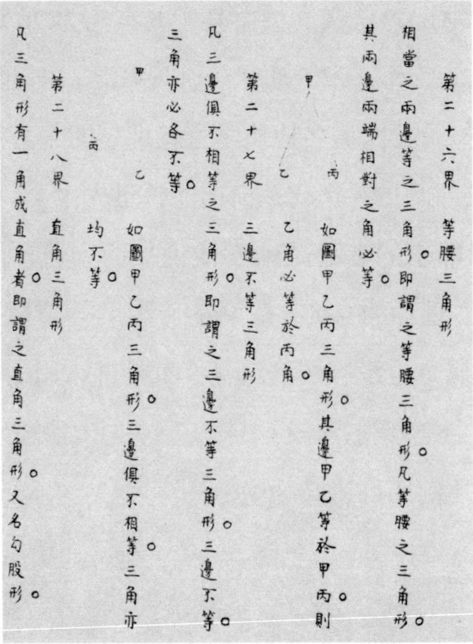

第二十六界　等腰三角形

相當之兩邊等之三角形。即謂之等腰三角形。凡等腰之三角形。其兩邊兩端相對之角必等。

如圖甲乙丙三角形。其邊甲乙等於甲丙。則乙角必等於丙角。

第二十七界　三邊不等三角形

凡三邊俱不相等之三角形。即謂之三邊不等三角形。三邊不等。三角亦必各不等。

如圖甲乙丙三角形。三邊俱不相等。三角亦均不等。

第二十八界　直角三角形

凡三角形有一角成直角者。即謂之直角三角形。又名勾股形。

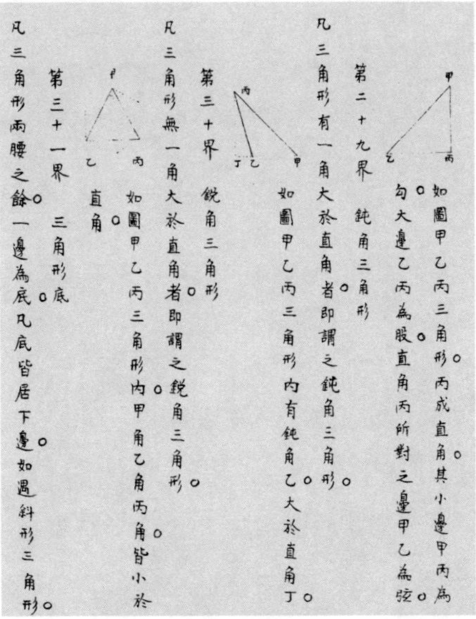

如圖甲乙丙三角形。丙成直角。其小邊甲丙為勾。大邊乙丙為股。直角丙所對之邊甲乙為弦。

第二十九界　鈍角三角形

凡三角形有一角大於直角者。即謂之鈍角三角形。

如圖甲乙丙三角形內有鈍角乙。大於直角丁。

第三十界　銳角三角形

凡三角形無一角大於直角者。即謂之銳角三角形。

如圖甲乙丙三角形。內甲角乙角丙角皆小於直角。

第三十一界　三角形底

凡三角形兩腰之餘。一邊為底。凡底皆居下邊。如遇斜形三角形。

《几何学》讲义

《地质学笔记》佚文 9 页（其中 8 页均为 26 厘米 ×23.5 厘米，1 页为 20.5 厘米 ×23.5 厘米），现藏北京鲁迅博物馆。《地质学笔记》是抄录英国著名地质学家赖耶尔的名著《地学浅说》。王冶秋在 1942 年写的《辛亥革命前的鲁迅先生》一书中说：“他曾手抄汉译赖耶尔的名著《地学浅说》两大册，图解精密，抄摹实在不易。”现存的 9 页，是 1959 年从许寿裳藏书中发现的，内容已不相连属，也没有图解。这 9 页抄件，用的毛边纸，以毛笔竖行写就，字迹流利，作行书体，显系在矿路学堂课外所抄。在时间上，要比前四种讲义为晚。

《地质学笔记》讲义

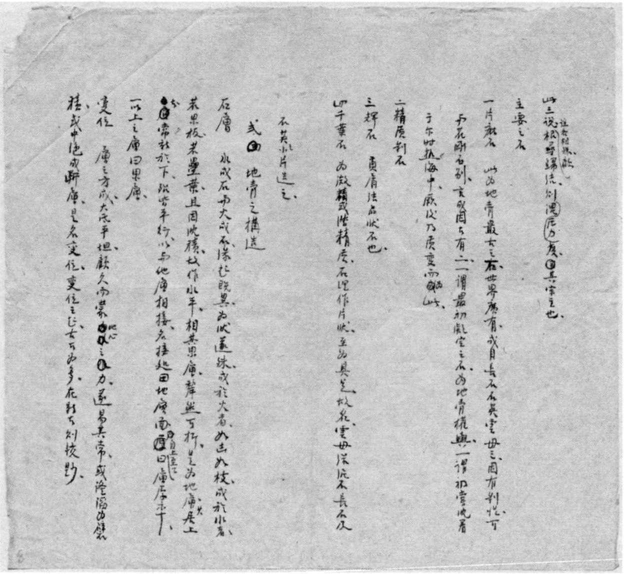

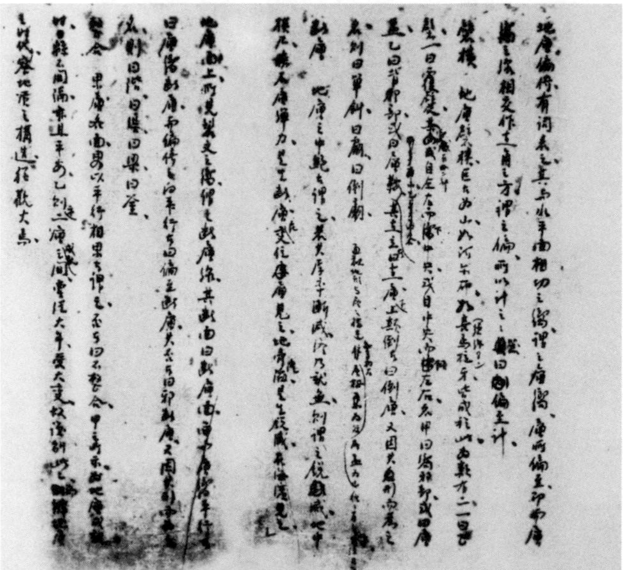

《地质学笔记》讲义

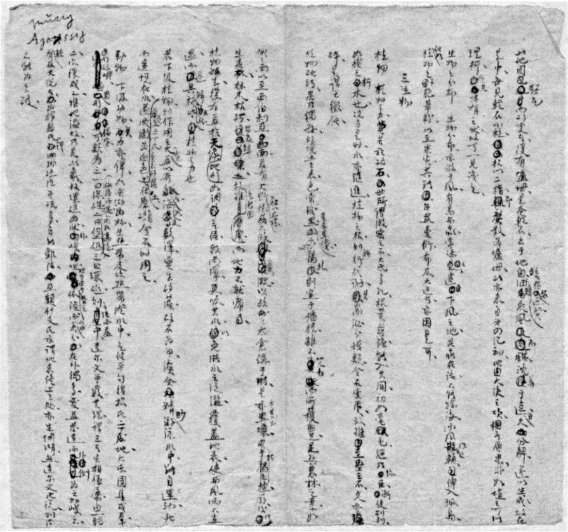

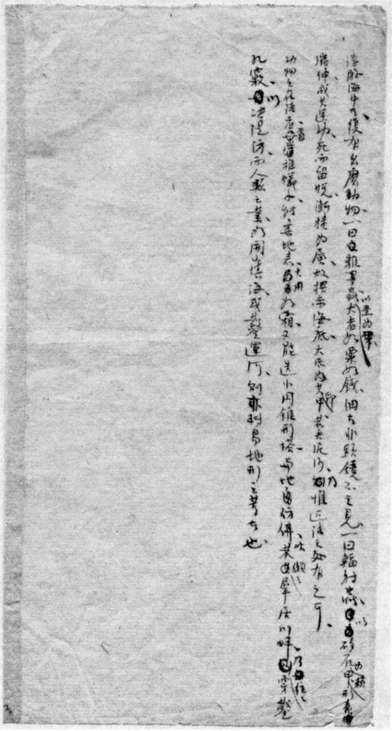

《地质学笔记》讲义

鲁迅在矿路学堂读书时，曾购得江南制造局印行的《金石识别》一书。书由美国矿物学家代那（现译丹纳）撰写，美国传教医师玛高温口译，中国近代数学家华蘅芳笔述，清同治十一年（1872）上海江南机器制造总局藏版。纸质，6册，12卷，木刻线装本。这是中国近代最具史料价值的一部矿物学译著，系统介绍近代矿物学和晶体物理学知识。每册封面均有鲁迅“金石识别”题签及“会稽周树人”署名，内页均有鲁迅毛笔眉批、标点及校注。鲁迅在书页空白处留下了许多听课笔记、学习心得，字迹流利。比如鲁迅当年有关炼焦法的注释，就联系了中国的实际。现藏绍兴鲁迅纪念馆，为国家一级文物。

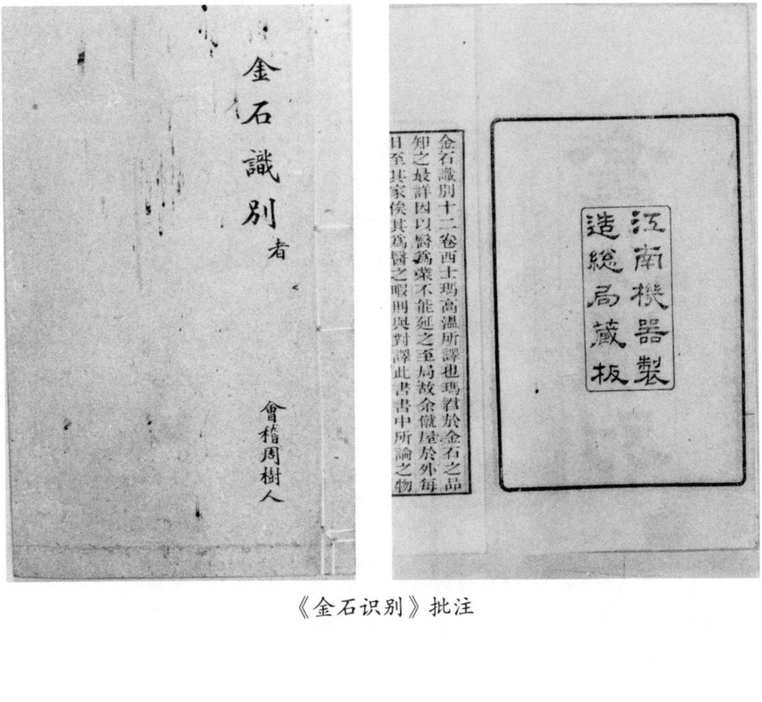

《金石识别》批注

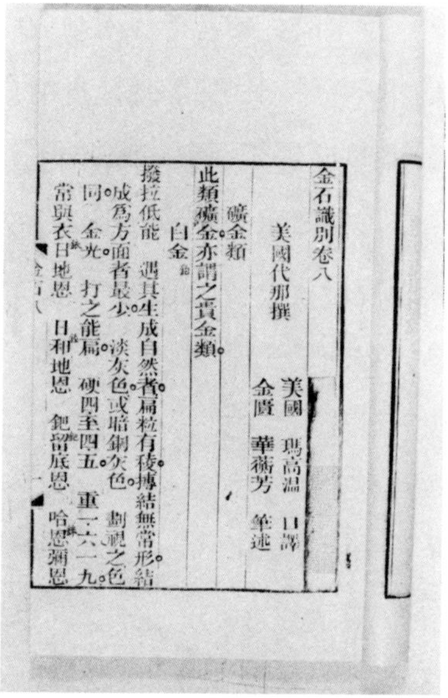

金石識別卷八

美國代那撰

美國瑪高溫口譯

金匱華蘅芳筆述

礦金類

此類礦金亦謂之貴金類。

白金

撥拉低能 遇其生成自然者。為扁粒有稜。摶結無常形。結成為方角者最少。淡灰色或暗鋼灰色。劃痕之色同。金光。打之能扁。硬四至四五。重一六一九。

常與衣日地恩 日和地恩 鈀留底恩 哈恩彌恩

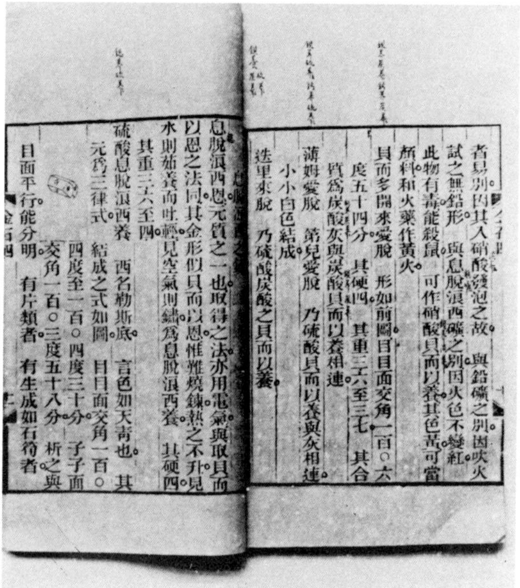

者易別。因其入硝酸發泡之故。與鉛礦之別。因吹火試之無鉛形。與息脫滾西礦之別。因火色不變紅。

此物有毒能殺鼠。可作硝酸貝而以養其色黃可當顏料和火藥作黃火。

貝而多開來愛脫 形如前圖。目目面交角一百○六度五十四分。其硬四。其重三六至三七。其合質為炭酸灰與炭酸貝而以養相連。

薄姆愛脫 第兒愛脫 乃硫酸貝而以養與灰相連。小小白色結成。

迭里來脫 乃硫酸炭酸之貝而以養。

息脫滾西恩元質之一也。取得之法亦用電氣與取貝而以恩之法同。其金形似貝而以恩惟難燒鍊熱之不升。見水則漸養而吐輕。見空氣則鏽為息脫滾西養。其重二五至四。

硫酸息脫滾西養 西名勒斯底。言色如天青也。其元為三律式。結成之式如圖。目目面交角一百○四度至一百○四度三十分。子子面交角一百○三度五十八分。析之與目面平行能分明。有片類者。有生成如石荀者

《金石识别》批注

2. 接受新思想

鲁迅读《天演论》（裘沙 绘）

《赫胥黎天演论》书影

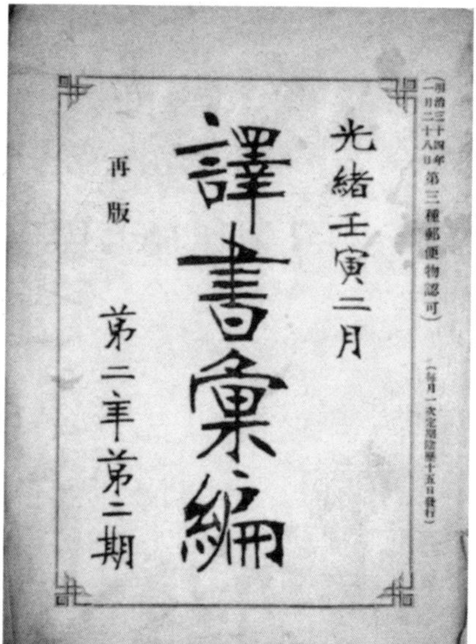

《译书汇编》书影

看新书的风气便流行起来，我也知道了中国有一部书叫《天演论》。星期日跑到城南去买了来，白纸石印的一厚本，价五百文正。翻开一看，是写得很好的字，开首便道：

“赫胥黎独处一室之中，在英伦之南，背山而面野，槛外诸境，历历如在机下。乃悬想二千年前，当罗马大将恺彻未到时，此间有何景物？计惟有天造草昧……”

哦！原来世界上竟还有一个赫胥黎坐在书房里那么想，而且想得那么新鲜？一口气读下去，“物竞”“天择”也出来了，苏格拉第，柏拉图也出来了，斯多噶也出来了。学堂里又设立了一个阅报处，《时务报》不待言，还有《译学汇编》，那书面上的张廉卿一流的四个字，就蓝得很可爱。

……

仍然自己不觉得有什么“不对”，一有闲空，就照例地吃侉饼，花生米，辣椒，看《天演论》。

——鲁迅《琐记》

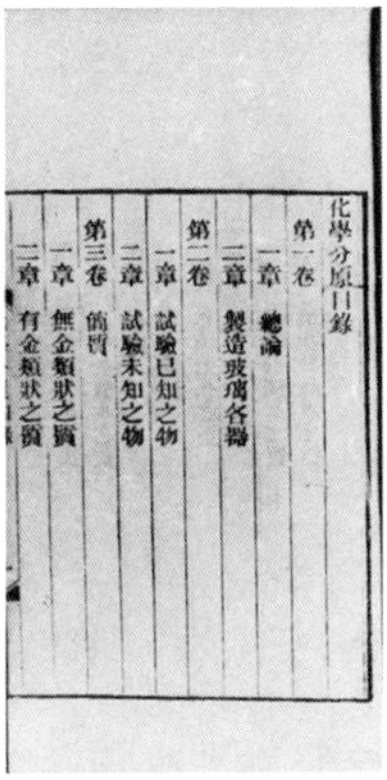

化學分原目錄
第一卷
一章 總論
二章 製造玻璃各器
第二卷
一章 試驗已知之物
二章 試驗未知之物
第三卷 備質
一章 無金類狀之質
二章 有金類狀之質

《化学分原》目录

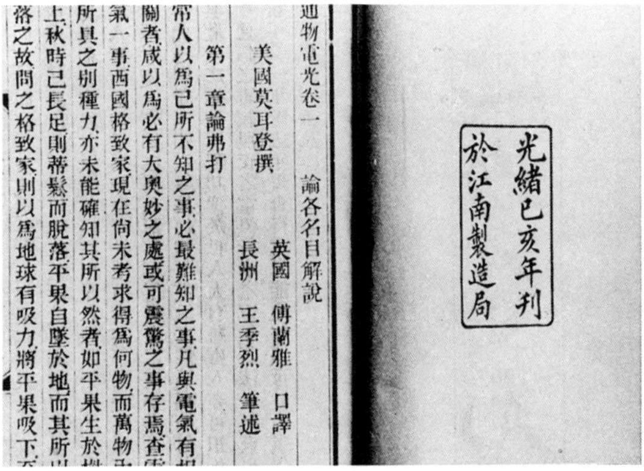

光緒己亥年刊
於江南製造局

通物電光卷一 論各名目解說
美國莫耳登撰 英國傅蘭雅 口譯
長洲 王季烈 筆述
第一章論弗打
常人以為己所不知之事必最難知之事凡與電氣有
關者咸以為必有大奧妙之處或可震驚之事存焉查
氣一事西國格致家現在尚未考求得為何物而萬物
所具之別種力亦未能確知其所以然者如平果生於
上秋時已長足則蒂鬆而脫落平果自墜於地而其所
落之故問之格致家則以為地球有吸力將平果吸下

《通物电光》内页

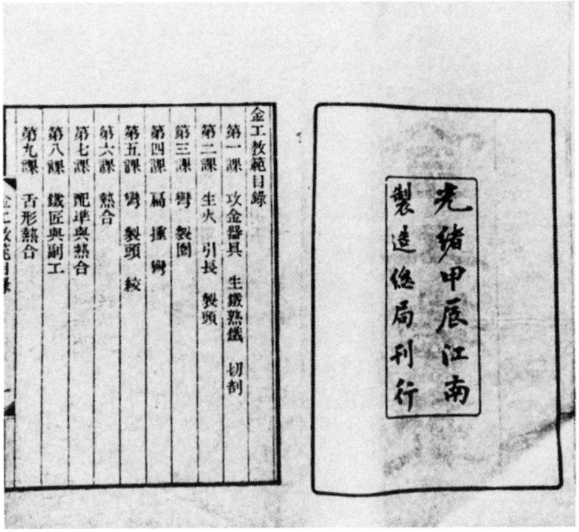

光緒甲辰江南
製造總局刊行

金工教範目錄
第一課 攻金器具 生鐵熟鐵 切割
第二課 生火 引長 製頭
第三課 彎 製圈
第四課 扁 撞 彎
第五課 彎 製頭 絞
第六課 熱合
第七課 配準與熱合
第八課 鐵匠與副工
第九課 舌形熱合

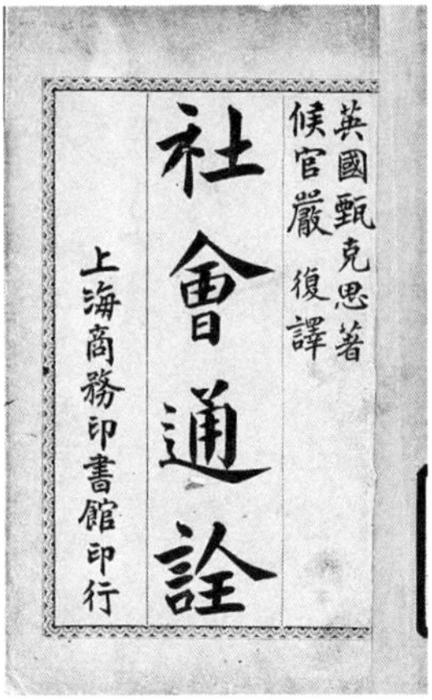

社會通詮
英國甄克思著
侯官嚴復譯
上海商務印書館印行

《金工教范》目录

《社会通诠》封面

鲁迅在陆师学堂读书期间，清政府还是用科举取士，鲁迅曾参加过一次乡试。一般人认为知识分子想求上进，这是唯一的出路和正道，但他没有坚持下去，决心走洋务运动开辟出来的另一条路，继续读免费还有津贴的洋学堂。

江南贡院（三万间考房）

鲁迅的祖父周介孚于1899年在杭州监狱里写了《恒训》。他想通过周家由大族走向衰亡的发展过程和自己一生的经历，总结几条，以“儆戒后人”。1899年1月，鲁迅亲手抄录了一份加以珍藏，足见鲁迅对其祖父的这份家训的重视和对传统教育的思考与取舍。

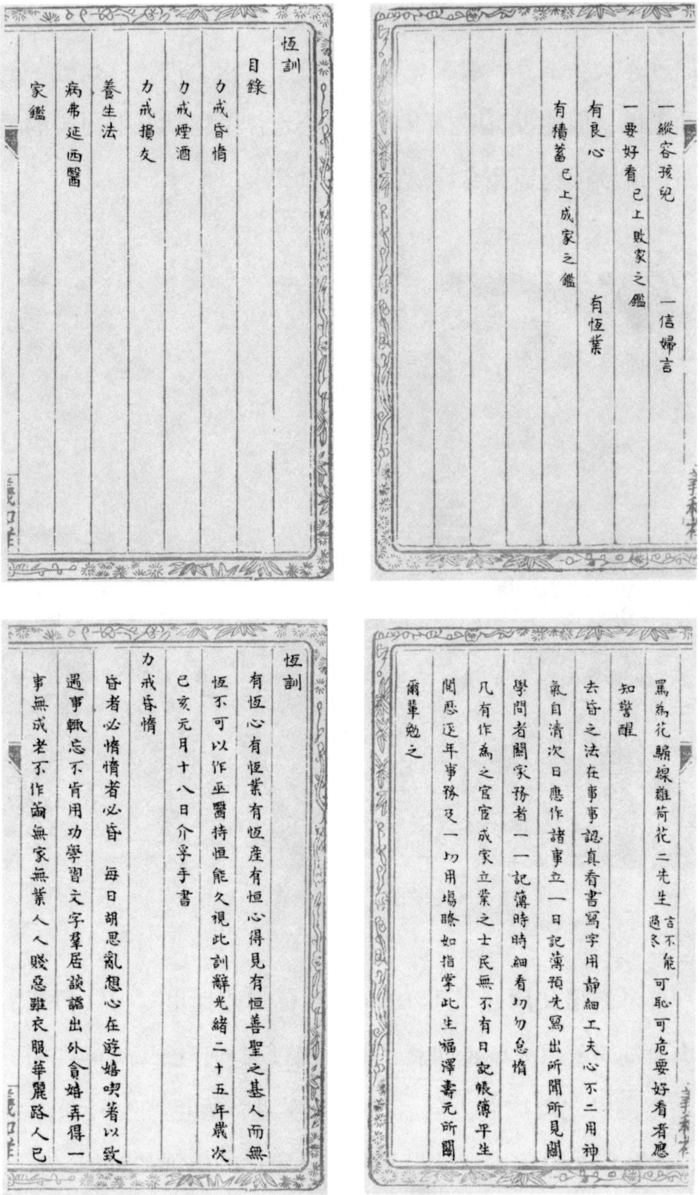
恒訓
目錄
力戒昏惰
力戒煙酒
力戒損友
養生法
病弗延西醫
家鑑

恒訓
有恒心有恒業有恒產有恒心得見有恒善聖之基人而無
恒不可以作巫醫持恒能久視此訓辯光緒二十五年歲次
已亥元月十八日介孚手書
力戒昏惰
昏者必惰惰者必昏 每日胡思亂想心在遊嬉唲著以致
遇事輙忘不肯用功學習文字羣居談諧出外會嬉弄得一
事無成老不作爾無家無業人人賤惡雖衣服華麗路人已

罵為花騙線雞荷花二先生過冬言不能 可恥可危要好看者應
知警醒
去昏之法在事事認真看書寫字用靜細工夫心不二用神
氣自清次日應作諸事立一日記簿預先寫出所聞所見關
學問者關家務者一一記簿時時細看切勿怠惰
凡有作為之官宦成家立業之士民無不有日記帳簿平生
閱歷逐年事務及一切用場賬如指掌此生福澤壽元所關
爾輩勉之

一縱容孩兒 一信婦言
一要好看 已上敗家之鑑
有良心 有恒業
有積蓄 已上成家之鑑

鲁迅手抄《恒训》

3. 下煤矿实习

鲁迅下煤矿（1972年周思聪作）

1901 年 11 月 7 日至 19 日，鲁迅与矿路学堂的同学一道去青龙山煤矿（今南京官塘煤矿象山矿区）实习。鲁迅第一次接触中国的第一代产业工人，矿工“鬼一般工作”的凄凉情景，使鲁迅感到“爽然若失”“一无所能”。“爬了几次桅，不消说不配做半个水兵；听了几年讲，下了几回矿洞，就能掘出金银铜铁锡来么？实在连自己也茫无把握……”

我首先正经学习的是开矿，叫我讲掘煤，也许比讲文学要好一些。

——鲁迅《革命时代的文学》

这学堂的设立，原是因为两江总督（大约是刘坤一罢）听到青龙山的煤矿出息好，所以开手的。……到第三年我们下矿洞去看的时候，情形实在颇凄凉，抽水机当然还在转动，矿洞里积水却有半尺深，上面也点滴而下，几个矿工便在这里面鬼一般工作着。

——鲁迅《琐记》

青龙山煤矿遗址

十月初十日（1901，11，20）：晴。下午大哥来，说昨日始自句容回来，袖矿石一包见示，凡六块，铁三、铜二、煤一，均存予处。

——周遐寿《旧日记里的鲁迅》

为了学习的需要，鲁迅还采集了不少矿石标本，每次放假都要带回一些来，放在一个木匣里，记得有铁矿石，石英石，三叶虫化石，还有像石榴子一样的矿石。

——周建人《回忆鲁迅》

矿石（南京鲁迅纪念馆展示）

矿石（南京鲁迅纪念馆展示）

4. 迈向新天地

執照

欽差大臣辦理通商事務太子太保頭品頂戴兵部尚書兩江總督部堂劉 為

給發執照事照得江南

奏明設立礦務鐵路學堂選募聰穎子弟到堂學習礦學化學格致測算繪圖等有現屆三年畢業[illegible]

總辦[illegible]大考當經本大臣批令自行考試兹據呈送各藝並考得分數清冊查核無異自應分別填給

執照俾量才器使得以憑照考驗即知長於何項並杜冒名頂替之弊 為此照給該生收執無論在差

候差並當敦品勵學毋荒技業須至執照者

計開

學生周樹人現年十九歲身中面白無鬚浙江省紹興府會稽縣人今考得壹等第叁名

礦學捌分陸釐　地質學捌分柒釐　化學捌分柒釐　熔煉學捌分陸釐

格致學捌分柒釐　測算學捌分柒釐　繪圖學捌分伍釐

曾祖父　以埏　祖父　福清　父　用吉

右給壹等學生　周樹人　收執

光緒[illegible]年[illegible]月　日

欽差大臣

鲁迅在江南陆师学堂附设矿路学堂的毕业《执照》

鲁迅在矿路学堂的毕业《执照》，现藏北京鲁迅博物馆。《执照》原件高 61.9 厘米，宽 47 厘米，为毛边纸木刻印刷。鲁迅的姓名、年龄、身形、籍贯、名次、成绩、家世、签证日期等，均为墨笔填写。

执照全文如下：

执照

钦差大臣办理通商事务太子太保头品顶戴兵部尚书两江总督部堂硕勇

巴图鲁刘为

给发执照事。照得江南

奏明设立矿务铁路学堂，选募聪颖子弟到堂学习矿学、化学、格致、测算、绘图等项，现届三年毕业。据学堂总办禀请大考，当经本大臣批令自行考试。兹据呈送各艺并考得分数清册，查核无异，自应分别填给执照，俾量才器，便得以凭照考验，即知长于何项，并杜冒名顶替之弊，为此照给该生收执，无论在差、候差，益当敦品励学，毋荒故业须至执照者。

计开

学生周树人，现年十九岁，身中面白无须，浙江省绍兴府会稽县人，今考得壹等第三名。

矿学捌分陆厘　地质学捌分柒厘　化学捌分柒厘　熔炼学捌分陆厘

格致学捌分柒厘　测算学捌分柒厘　绘图学捌分伍厘

曾祖父 以埏 祖父 福清 父 用吉

右照给壹等学生周树人收执

光绪二十七年十二月十八日

江南陆师学堂规定："一等学生禀请督宪给发《执照》"，二、三等学生均给"《考单》"。鲁迅以一等第三名的优异成绩才得到两江总督刘坤一颁发的毕业《执照》。

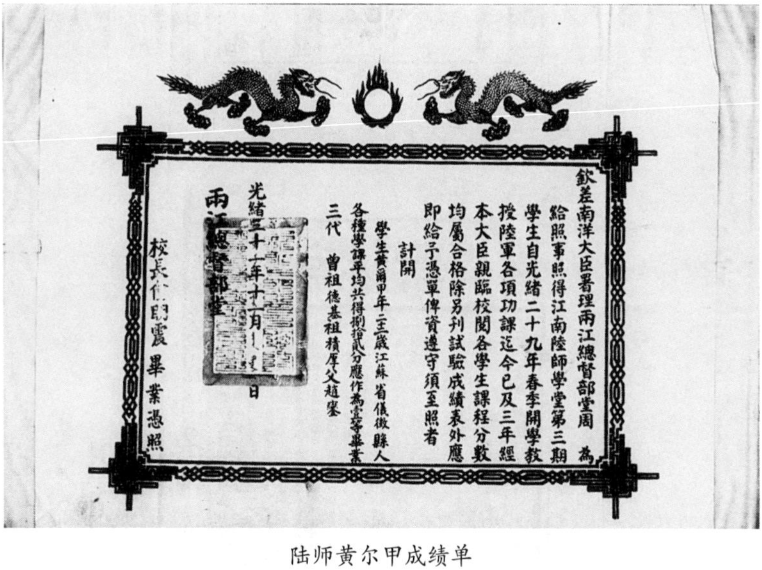

欽差南洋大臣署理兩江總督部堂周　為
給照事照得江南陸師學堂第三期
學生自光緒二十九年春季開學教
授陸軍各項功課迄今已及三年經
本大臣親臨校閱各學生課程分數
均屬合格除另刊試驗成績表外應
即給予憑單俾資遵守須至照者
計開
學生黃爾甲年二十三歲江蘇省儀徵縣人
各種學課平均共得捌拾貳分應作為壹等畢業
三代　曾祖德基　祖積厚　父趙鏊
光緒三十一年十一月　日
兩江總督部堂
畢業憑照

陆师黄尔甲成绩单

考單
江南陸師學堂 為
給陸師學生王鳴瑤收執
光緒二十五年十二月初十日
陸師學堂

王鸣瑶考单

江南水師學照
總辦江南水師學堂兼南洋魚雷船事務江蘇補用道方 為
光緒二十七年十二月初十日
學堂

郑钰如学照

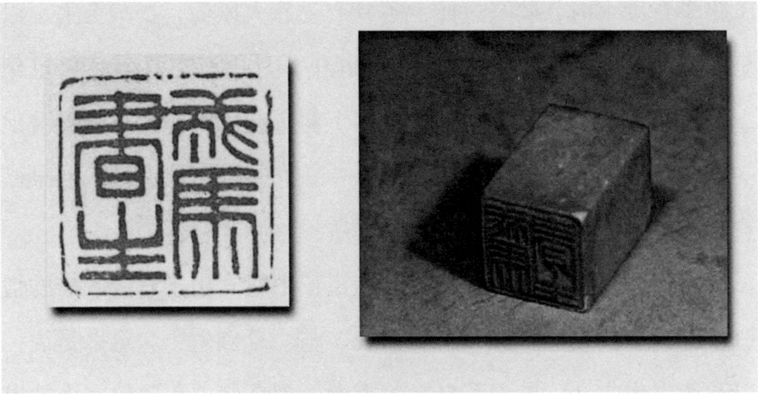

“戎马书生”印章

鲁迅在矿路学堂曾刻有“戎马书生”石章一方。“戎马书生”是鲁迅当年的自况。原本是一个读书的学生，又要骑着战马驰骋，这既是鲁迅在军事学校（矿路学堂因附属于江南陆师学堂，故学生也穿着陆师的制服，过着军事化的生活）读书生活的反映，也是青年鲁迅戎马书剑、爱国报国的思想的体现。

鲁迅在矿路学堂是非常爱好骑马的。当年的鲁迅对于排满的学说、辫子的罪状和文字狱的大略，已经知道了一些，故常到明故宫一带跑马，与旗人子弟竞赛。有一回吃了旗人的暗算，几乎跌下马来。后来鲁迅在信中对友人说：“运动原是很好的，但这是我在少年时候的事……我是南边人，但我不会弄船，却能骑马，先前是每天总要跑它一两点钟的。”有一次他从马上摔了下来，碰断了一颗门牙。他常说：“落马一次，即增一次进步。”事过10年，1912年春，鲁迅应邀到南京临时政府教育部任职，还同好友许寿裳等去明故宫寻访驻防旗营的残址，向友人说起从前在矿路学堂读书时，骑马过此，不甘心受旗人欺侮，扬鞭穷追，以至坠马跌断一颗门牙的故事。2006 年 4 月周海婴在南京鲁迅纪念馆开馆仪式的致辞中说：前几年上海一位胸科专家重新查看他父亲 1936 年的胸片，发现其左下一根肋骨曾经骨折过，但早已愈合。说不定骨折就是在南京坠马所致。

据周建人回忆，当年鲁迅在南京读书时，出于对清政府的憎恶，还刻了两枚印章："文章误我"与"戛剑生"。意思是说：以前读书作古文，耽误了自己的青春，现在要"戛"的一声抽出剑来参加战斗了。

南京明故宫遗址

老师和同学

第二年的总办是一个新党，他坐在马车上的时候大抵看着《时务报》，考汉文也自己出题目，和教员出的很不同。有一次是《华盛顿论》，汉文教员反而惴惴地来问我们道："华盛顿是什么东西呀？……"

——鲁迅《琐记》

这里的总办，就是俞明震。

俞明震（1860—1918），字恪士，浙江山阴县（今绍兴）人，继钱德培后，任江南陆师学堂兼附设矿务铁路学堂总办，就是鲁迅所说的坐在马车上看《时务报》的那位。晚年寓居上海、杭州等地，1918年12月24日卒于杭州。有《觚庵诗存》4卷。

鲁迅在北京工作时期，仍和他有联系。据《鲁迅日记》1915年2月17日记载："下午同陈师曾往访俞师，未遇。"4月10日："午后访俞恪士师，未遇。"4月11日："午后访俞恪士师，略坐出。"俞明震去世的消息传到北京，鲁迅1919年1月20日日记载："得俞恪士先生讣，下午送幛子一。"

俞明震

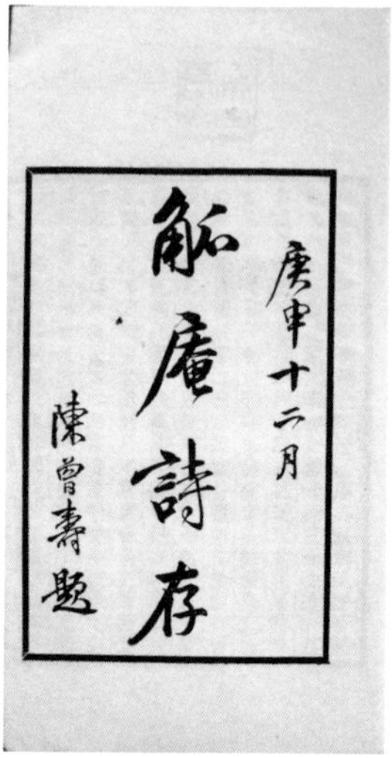

《觚庵诗存》书影

骆博凯（1852—1910），全名罗伯特·骆博凯，被任命为陆师学堂总教习，相当于主管培训业务的校长。他在陆师学堂完成了第一期培训任务，至1900年5月回国，在南京工作了4年半时间。骆博凯来南京比鲁迅要早，他在江南陆师学堂工作期间，鲁迅也来到陆师学堂就读，骆博凯离开时，鲁迅还没有毕业。

骆博凯

骆博凯出行

骆博凯打扮成穿着全套道台朝服的官员，边上为他在南京的仆人和译员（1897 年摄）

骆博凯曾拍了一张穿着中国官服的照片。他在给大姐卡萝莉娜的信中描绘道："你们看，我现在已是一名中国官员，身居要职，我身上穿的是道台官服。清朝的官帽上有顶戴花翎，官服是用厚厚的棕色丝绸料做成的，前胸有用金线织入的类似龙的图案。朝珠是纯正的珍珠和宝石，但给我的是玻璃的。高筒靴用的是厚实的黑色绸料，2 厘米高的后跟是纸板做的，右边站的是我年轻的译员，左边站的是仆人永富，手臂上是安娜给我的漂亮毛毯。我站在大厅中间有玻璃顶棚的第一进院子里，这个厅向左右两边伸展，比照片上显示的要大得多。我让人在台阶的两边竖立了路灯，可惜上面的字被摄影师搞模糊了。"

鲁迅在矿路学堂学习了3年。1902年1月，鲁迅以一等第三名的优异成绩在矿路学堂毕业。3月24日，鲁迅以“南洋矿路学堂毕业生奏奖五品顶戴”的身份，跟其他5名学生一起，随矿路学堂总办俞明震离宁经沪赴日本留学。由总办俞明震带领的南京矿路学堂赴日留学生共计6名，其中官费生5名，即鲁迅、张邦华、顾琅、伍崇学、刘乃弼；自费生1名，即陈衡恪。

张邦华（1873—1957），字燮和，又作协和，浙江海宁人。鲁迅在南京矿路学堂、日本弘文学院时的同学。后入日本东京高等师范学堂任教，辛亥革命后又同在教育部任职。1937年被聘为鲁迅先生纪念委员会筹备会委员。

1956年10月19日　（星期五）　新华日报　夏历丙申年九月十六　二十霜降　第3版

忆鲁迅在南京矿路学堂

张协和

及当时情景的一二片断了。

戊戌政变清西太后封闭洋学堂，而南京矿路学堂却在那时西太后的特别诏令下而开办了。矿路学堂附属于当时的陆师学堂，校址設在南京的三牌楼。那时学堂的总办（即现在的校長）是錢德培。这个学堂仅空前絕后的招了一次生，共收了二十四名学生，到畢業时已不満这个数目了。入学考試分初試及复試兩場，都只是作文章，初試的題目我已忘却，复試的題目是“不以規矩不能成方圓論”，我和魯迅就是經过这样的考試而入学的。魯迅入学时，年仅十七岁，是学堂中年齡最小的学生。

← 南京矿路学堂走廊遗址

学堂的宿舍和講堂都在三牌樓，全部宿舍共有八衖，西一衖是矿路学堂学生居住的，其余七衖是陆師学堂学生居住的。魯迅和丁文揚、顧琅同住在西一衖八号，我則住在一号。

魯迅在学堂时，年虽最幼，但已表現出他过人的聪慧和高貴的品質了。矿路学堂顧名思义，应該是学有关矿物的学問了，的确在校三年中也学了这方面的課程，例如矿物学、地質学、化学、熔煉学、格致学（即现在的物理）、測算学（即现在的算术、几何、代数、三角等）及繪圖学。但当时讀的都是紙上談兵，并且在講堂上抄講义，每天仅上下午各上兩堂課（每課約一小时余），講解是很少的，只是抄抄而已。而魯迅在下課后从不复習課業，終日閱讀小說（筆記小說、西厢記等），过目不忘，对紅樓夢几能背誦。由于他的聪慧过人，所以在考試时，总是他第一个交卷出場，而考的成績又是名列前茅。当时学堂規定每星期只作文一次，凡获得第一名者賞三等銀牌一个；每月月考一次，名列第一名者，亦賞三等銀牌一个。四个三等銀牌換一个二等銀牌，四个二等銀牌換一个三等金牌。同学中独有魯迅換得金牌，这可見魯迅获得銀牌之多和成績之优良了。

魯迅的成績虽优良，但从未表現驕傲自滿和唯我独尊，相反的却異常謙虚和藹，对友人能和睦相处，但对言行虚伪、巧言令色和自高自大的人則深惡痛疾，視之如敌。这一高貴品質貫穿了他的整个一生。

魯迅平日生活簡朴，从不講究衣著，課余之暇，喜欢作騎馬之戏，曾因跑馬跌伤一次，但他并未因此而惧怕騎馬，相反的为了学会跑馬，馬騎得更勤了。这表現出魯迅为了学会一件东西，刻苦学習，不畏困难的性格。

从1898年到1901年12月在矿路学堂过了約三年多的时間，終于获得了一紙文憑。翌年（1902年）3月，魯迅、顧琅、徐广鑄、刘乃弼、伍崇学和我即由当日的总办俞恪士（明震）亲自送到日本留学去了。

1956年10月12日晚11时

张协和回忆文章

顾琅（1880—1939），原名芮体乾，字石臣，号硕臣，初到日本时改姓顾名琅，江苏南京人。鲁迅在南京矿路学堂、日本弘文学院时的同学。在弘文学院期间，与鲁迅合作编著《中国矿产志》。

《中国矿产志》书影

顾琅

《中国矿产全图》

伍仲文（1881—1954），字崇学，又作习之，江苏江宁（一说上允）人。鲁迅在南京矿路学堂、日本弘文学院时的同学。

伍仲文

在南京读书期间，伍仲文对远离家乡的鲁迅格外照顾，经常以东道主的身份邀请鲁迅“到南门贵人坊吃干丝”。1912 年 5 月，鲁迅任教育部社会司第二科科员，伍仲文任教育部普通教育司第三科科员，许寿裳任教育部普通教育司第一科科员。在北京工作期间，伍仲文逢年过节必到鲁迅寓所探望，并送去一些鲁迅爱吃的食品。《鲁迅日记》中对此类事皆有记载。如：1913 年 12 月 31 日，“夜伍仲文馈肴一器，馒头一盘”。

1913 年 3 月起，伍仲文任教育部视学。这一年 6 月，鲁迅探亲回绍兴，伍仲文到浙江视察学务，顺便也去鲁迅家探访。6 月 24 日上午，鲁迅刚刚到家，已经先到绍兴的伍仲文下午就来看鲁迅。6 月 26 日，鲁迅“同三弟至大路浙东旅馆，偕伍仲文乘舟游兰亭，又游禹陵。归路经东郭门登陆，步归”。

刘乃弼，字济舟，安徽巢县人。刘乃弼与鲁迅一同在弘文学院留学，先学师范，又学政治。刘乃弼还与鲁迅、张邦华、顾琅和伍崇学一同在《讲道馆牛込分场修行者誓文》上签名。

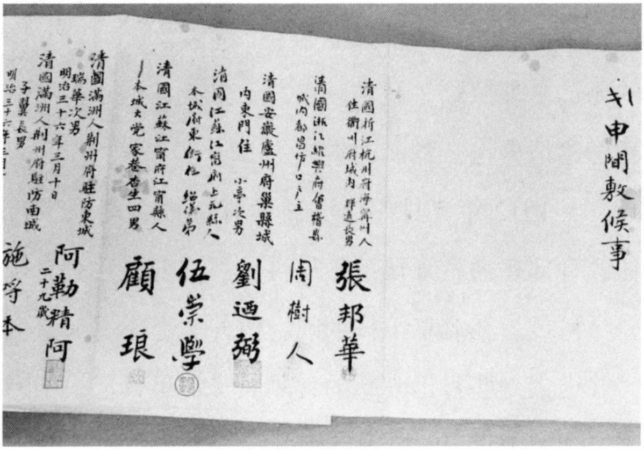

鲁迅与留日同学在《讲道馆牛込分场修行者誓文》上的签名

陈衡恪

陈衡恪（1876—1923），字师曾，号朽、朽者、朽道人、槐堂等，江西义宁（今修水）人。陈衡恪出身世家，祖父陈宝箴戊戌前任湖南巡抚，父亲陈三立（号散原）为著名的“清末四公子”之一。他是矿路学堂总办俞明震的外甥，随同自费留学。另外，当时仅 12 岁的陈寅恪，也跟哥哥陈衡恪一起赴日。陈寅恪系陈三立的第三个儿子，1890 年出生，比陈衡恪小 14 岁，比鲁迅小 9 岁，他的母亲就是俞明震的妹妹俞明诗。

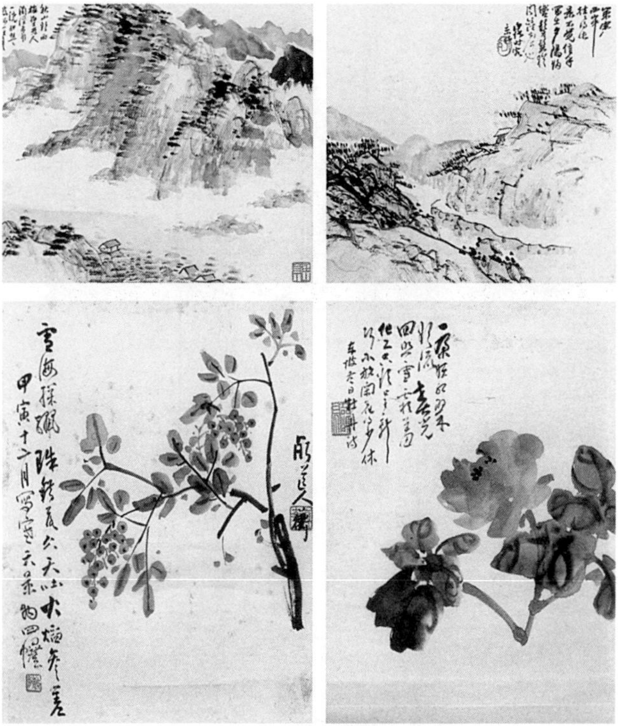

陈衡恪（师曾）赠鲁迅的画

1902 年 3 月 2 日，鲁迅跟这些同学一起由南京登船赴日本留学，4 月 4 日，抵达横滨。先是乘“大贞丸”从南京到上海，然后又转乘“神户丸”从上海到横滨。

鲁迅乘日本“大贞丸”号轮船到上海

鲁迅乘日本“神户丸”号轮船去日本

南京，是鲁迅人生中的第一个驿站，鲁迅又从这里走向世界！

第四章
鲁迅在南京写的诗文
及有关南京的诗歌

江南陆师学堂附设矿路学堂一角

“我有一言应记取，文章得失不由天。”鲁迅在南京读书时常有诗文寄情达意，后来的诗文中也常提及南京。

鲁迅在南京写的诗文

戛剑生杂记

行人于斜日将堕之时，暝色逼人，四顾满目非故乡之人，细聆满耳皆异乡之语，一念及家乡万里，老亲弱弟必时时相语，谓可当至某处矣，此时真觉柔肠欲断，涕不可仰。故予有句云：日暮客愁集，烟深人语喧。皆所身历，非托诸空言也。

生鲈鱼与新粳米炊熟，鱼须斫小方块，去骨，加秋油，谓之鲈鱼饭。味甚鲜美，名极雅饬，可入林洪《山家清供》。

夷人呼茶为梯，闽语也。闽人始贩茶至夷，故夷人效其语也。

试烧酒法，以缸一只，猛注酒于中，视其上面浮花，顷刻迸散净尽者为活酒，味佳，花浮水面不动者为死酒，味减。

本篇录自周作人日记所附《柑酒听鹂笔记》。原为句读。周作人在抄文后注明：“右戛剑生杂记四则，从戊戌日录中抄出。”该文当作于1898年。戛剑生，鲁迅早年的别号，曾刻成印章使用。这是已发现的鲁迅最早的文字之一，是一篇生活杂记。第一则写离开家乡的感受；其他三则是记录生活常识。

行人于斜日將墮之時。暝色逼人。四顧滿目。非故鄉之人。細聆滿耳皆異鄉之語。一念及家鄉萬里。老親弱弟。必時時相語。謂今當至某處矣。此時真覺柔腸欲斷。涕不可仰。故予有句云。日暮客愁集。烟深人語喧。皆所身歷。非託諸空言也。

生鱸魚與新粳米炊熟。魚須斫小方塊。去骨。加秋油。謂之鱸魚飯。味甚鮮美。名極雅飭。可入林洪山家清供。

夷人呼茶為梯。閩語也。閩人始販茶至夷。故夷人效其語也。

試燒酒法。以缸一隻。猛注酒于中。視其上

二九八

面浮花。頃刻迸散淨盡者為活酒。味佳。花浮水面不動者為死酒。味減。

右戛劍生雜記四則。從戊戌日錄中抄出。辛丑寒食日柑酒聽鸝生錄于芋圃

祭書神文　戛劍生

上章困敦之歲。賈子祭詩之夕。會稽戛劍生等謹以寒泉冷華。祀書神長恩。而綴之以俚詞曰。

今之夕兮除夕。香焰氤氳兮燭焰赤。錢神醉兮錢奴忙。君獨何為兮守殘籍。華筵開兮臘酒香。更點點兮夜長。人喧呼兮入醉鄉。誰薦君兮一觴。絕交阿堵兮尚剩殘書。

二九九

《戛剑生杂记》

莳花杂志

晚香玉，本名土馝瀛斯，出塞外，叶阔似吉祥草，花生穗间，每穗四五球，每球四五朵，色白，至夜尤香，形如喇叭，长寸余，瓣五六七不等，都中最盛。昔圣祖仁皇帝因其名俗，改赐今名。

里低母斯，苔类也，取其汁为水，可染蓝色纸，遇酸水则变为红，遇硷水又复为蓝。其色变换不定，西人每以之试验化学。

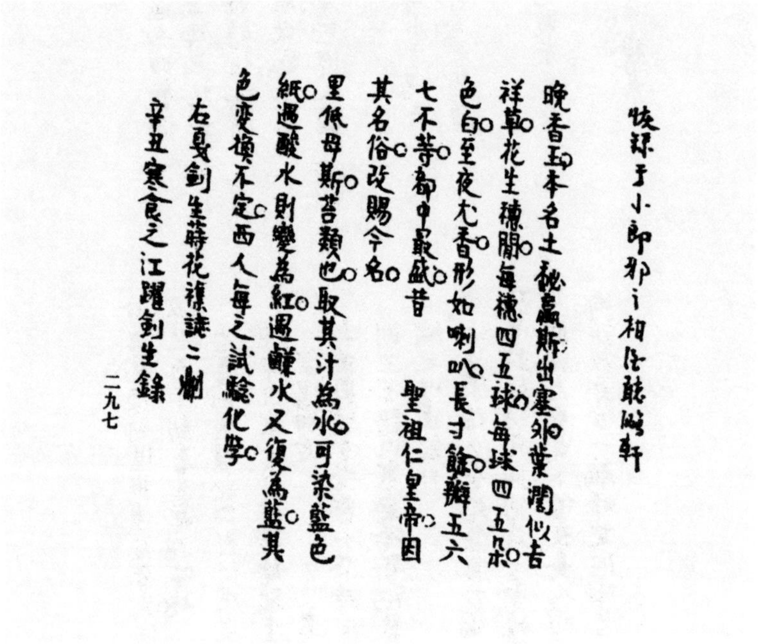

晚香玉本名土馝瀛斯出塞外葉闊似吉
祥草花生穗間每穗四五球每球四五朵
色白至夜尤香形如喇叭長寸餘瓣五六
七不等都中最盛昔　聖祖仁皇帝因
其名俗改賜今名
里低母斯苔類也取其汁為水可染藍色
紙遇酸水則變為紅遇鹻水又復為藍其
色變換不定西人每之試驗化學
右戛劍生蒔花襍誌二則
辛丑寒食之江躍劍生錄
二九七

《莳花杂志》

本篇录自周作人日记所附《柑酒听鹂笔记》，约作于1898年。这也是目前发现的最早的鲁迅作品之一。这是一篇读书杂记。

别诸弟

谋生无奈日奔驰，有弟偏教各别离。
最是令人凄绝处，孤檠长夜雨来时。

还家未久又离家，日暮新愁分外加。
夹道万株杨柳树，望中都化断肠花。

从来一别又经年，万里长风送客船。
我有一言应记取，文章得失不由天。

本篇录自周作人日记，题下署“豫才未是草”。“豫才”，鲁迅的字。据周作人日记庚子三月十五日（1900 年 4 月 14 日）载：“下午接金陵十八日函并洋四元，诗三首，系托同学带归也。”按庚子二月十八日为 1900 年 3 月 18 日。鲁迅这三首诗当作于此时或稍前。

这是 1900 年春，鲁迅第二次回家度寒假后，回到南京学校时写的。鲁迅于 1898 年考取江南水师学堂，10 月转入矿路学堂。约于 11 月间回绍兴，次年 1 月回宁。又于 1900 年 1 月 19 日放假回绍兴，2 月 19 日返校。这三首诗写于 1900 年 3 月 18 日之前，第一首写回到南京后想家的心情；第二首写离家回宁一路上的离情别绪；第三首告诫诸弟要勤奋好学，“文章得失不由天”，要凭借个人奋斗创造事业，创作文章。全诗离愁别绪，跃然纸上；情景交融，耐人回味。

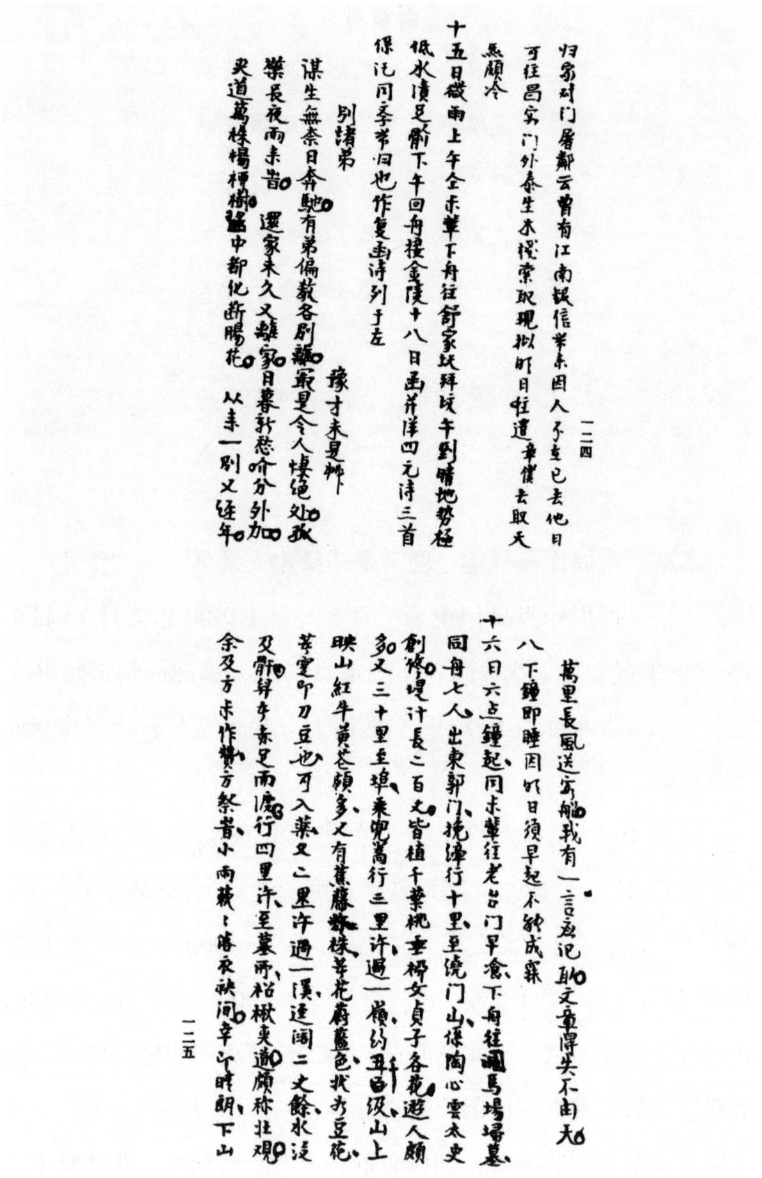

一二四

归家对门屠鄰云曾有江南銀信來因人予适已去他日可往昌安门外泰生木栈索取现拟明日往遣章儀去取天気颇冷

十五日微雨上午仝赤董下舟往舒家垯拜岁午到晴地势极低水漬足艙下午回舟接金陵十八日函并洋四元诗三首係汜同季弟归也作复函诗列于左

别諸弟　豫才未是艸

謀生無奈日奔馳。有弟偏教各别離。最是令人悽绝処。孤檠長夜雨来时。

還家未久又離家。日暮新愁分外加。夹道萬株楊柳樹。望中都化断腸花。

从来一别又经年。萬里長風送客船。我有一言应记取。文章得失不由天。

一二五

八下鐘即睡因明日須早起不能成寐

十六日六点鐘起同赤董往老岳门早餐下舟往调馬場埽墓同舟七人出東郭门挠澤行十里至繞门山係陶心雲太史創修堤計長二百丈皆植千葉桃垂柳女貞子各花游人颇多又三十里至埠乘兜篙行三里许過一嶺約卅餘級山上映山紅牛郎花颇多又有蕉藤数株并花蔚藍色状如豆花莖實即刀豆也可入藥又二里许過一溪闊二丈餘水淺及骭舁夫赤足而渡行四里许至墓所松楸夹道颇称壮观余及方来作揖方祭时小雨濛濛濡衣袂间幸少时朗下山

《别诸弟》

莲蓬人

芰裳荇带处仙乡，风定犹闻碧玉香。
鹭影不来秋瑟瑟，苇花伴宿露瀼瀼。
扫除腻粉呈风骨，褪却红衣学淡妆。
好向濂溪称净植，莫随残叶堕寒塘！

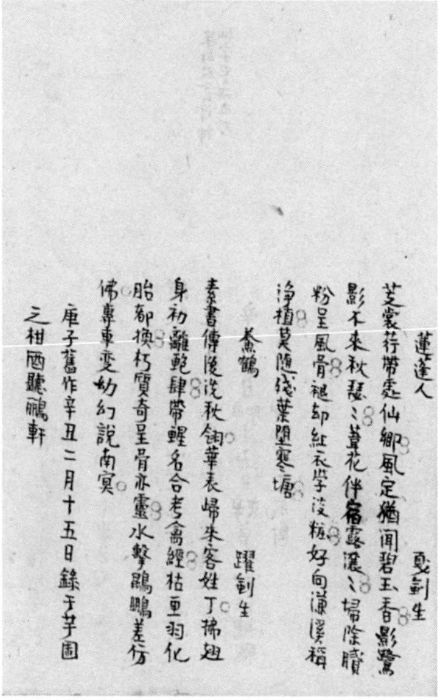
蓮蓬人　戛剑生
芰裳荇帶處仙鄉風定猶聞碧玉香鷺
影不來秋瑟瑟葦花伴宿露瀼瀼掃除膩
粉呈風骨褪却紅衣學淡粧好向濂溪稱
淨植莫隨殘葉墮寒塘
蒼鶴　躍釗生
素書傳後說秋䬃華表歸來客姓丁拂翅
身初離鮑肆帶腥名合考禽經枯魚羽化
胎卻換朽質奇呈骨亦靈水擊鵾鵬差彷
佛專車變幻說南溟
庚子舊作辛丑二月十五日錄于芋園
之柑酒聽鸝軒

《莲蓬人》

本诗当作于庚子年岁末或辛丑年的春节，时鲁迅在绍兴家中度寒假。这是一首咏物寄情的诗，描绘了莲蓬的生长环境和淡雅净立的风姿，称颂了莲蓬亭亭净植的品格。这首诗明显受周敦颐《爱莲说》影响和启发。1900 年 8 月 4 日，在南京读书的鲁迅托返乡亲戚捎书给弟弟，内有张伯行刻的《周濂溪集》一部四本。

庚子送灶即事

只鸡胶牙糖，典衣供瓣香。

家中无长物，岂独少黄羊！

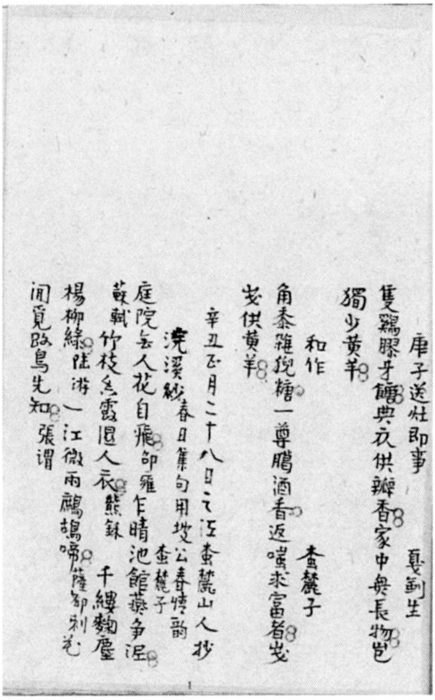
庚子送灶即事　戛劍生

隻雞膠牙餹，典衣供瓣香。家中無長物，豈獨少黃羊。

和作　查麓子

角黍雜餦糖，一尊臘酒香。返嗤求富者，豈供黃羊。

辛丑正月二十八日之江查麓山人抄

浣溪紗　春日集句用坡公春情韻　查麓子

庭院無人花自飛。卻雍作晴池館燕爭泥。蘇軾　竹枝絲霞退人衣。蘇軾　千縷麴塵楊柳綠，陸游　一江微雨鷓鴣啼。薩都剌　間覓路鳥先知。張謂

《庚子送灶即事》

本诗作于鲁迅回家过寒假期间，写由送灶引出的感慨和牢骚，一定程度上反映了家庭穷困的状况。家穷，没有什么值钱的东西可典当，祭供的物品不丰，更不是故意缺少黄羊。可参读鲁迅《送灶日漫笔》。

祭书神文

上章困敦之岁，贾子祭诗之夕，会稽戛剑生等

谨以寒泉冷华，祀书神长恩，而缀之以俚词曰：

今之夕兮除夕，香焰氤氲兮烛焰赤。

钱神醉兮钱奴忙，君独何为兮守残籍？

华筵开兮腊酒香，更点点兮夜长。

人喧呼兮入醉乡，谁荐君兮一觞。

绝交阿堵兮尚剩残书，把酒大呼兮君临我居。

缃旗兮芸舆，挈脉望兮驾蠹鱼。

寒泉兮菊菹，狂诵《离骚》兮为君娱，君之来兮毋除除。

君友漆妃兮管城侯，向笔海而啸傲兮，倚文冢以淹留。

不妨导脉望而登仙兮，引蠹鱼之来游。

俗丁伧父兮为君仇，勿使履阈兮增君忧。

若勿听兮止以吴钩，示之《丘》《索》兮棘其喉。

令管城脱颖以出兮，使彼惙惙以心愁。

宁召书癖兮来诗囚，君为我守兮乐未休。

他年芹茂而樨香兮，购异籍以相酬。

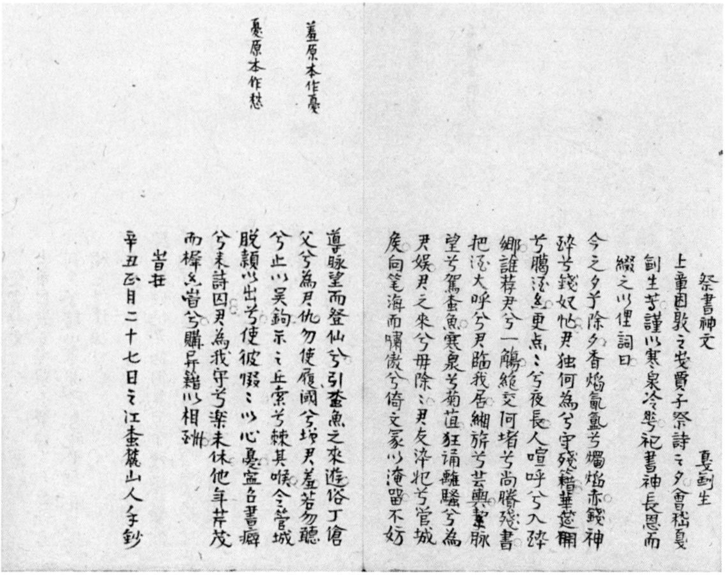
祭書神文　戛劍生
上章困敦之歲賈子祭詩之夕會稽戛
劍生等謹以寒泉冷華祀書神長恩而
綴之以俚詞曰
今之夕兮除夕香焰氤氲兮燭焰赤錢神
醉兮錢奴忙君独何為兮守殘籍華筵開
兮腊酒香更点点兮夜長人喧呼兮入醉
鄉誰薦君兮一觴絶交阿堵兮尚剩殘書
把酒大呼兮君臨我居緗旗兮芸輿挈脈
望兮駕蠹魚寒泉兮菊菹狂誦離騷兮為
君娛君之來兮毋除除君友漆妃兮管城
侯向筆海而嘯傲兮倚文冢以淹留不妨
導脈望而登仙兮引蠹魚之來遊俗丁傖
父兮為君仇勿使履閾兮增君羞若勿聽
兮止以吳鉤示之丘索兮棘其喉令管城
脫穎以出兮使彼惙惙以心憂寧召書癖
兮來詩囚君為我守兮樂未休他年芹茂
而樨香兮購異籍以相酬
旹在
辛丑正月二十七日之江蠹龕山人手鈔
羞原本作憂
憂原本作愁

《祭书神文》

本诗是鲁迅1901年寒假，阴历除夕写于绍兴。这是一首骚体诗。引言是说庚子年我们像唐代诗人贾岛除夕祭诗一样，用一碗清水一束鲜花，并配上通俗的歌词来祭书神。全诗从除夕之夜财神和书神待遇迥异落笔，接着写书神高洁而优美的形象，他以缃绸为旗，以芸草为车，带着仙虫脉望，蛀书的小虫蠹鱼来了，主人用寒泉、菊菹来招待，并请来漆妃（墨的别名）和管城侯（笔的别名）来作陪，在这里自由自在地生活，多么舒服。俗丁伧父这些钱奴硬要过来，就用吴钩来阻止他们！结尾说宁可让那些志同道合的人来，让书神在这里其乐无穷。他年事业有成一定买奇异的新书来酬谢书神。全诗构思奇特，想象丰富，引人入胜。扬州大学顾农教授说：“《祭书神文》是一篇读书人的宣言。”

惜花四律

步藏春园主人元韵

鸟啼铃语梦常萦，闲立花阴盼嫩晴。
怵目飞红随蝶舞，关心茸碧绕阶生。
天于绝代偏多妒，时至将离倍有情。
最是令人愁不解，四檐疏雨送秋声。

剧怜常逐柳绵飘，金屋何时贮阿娇？
微雨欲来勤插棘，熏风有意不鸣条。
莫教夕照催长笛，且踏春阳过板桥。
祇恐新秋归塞雁，兰艭载酒桨轻摇。

细雨轻寒二月时，不缘红豆始相思。
堕裀印屐增惆怅，插竹编篱好护持。
慰我素心香袭袖，撩人蓝尾酒盈卮。
奈何无赖春风至，深院荼蘼已满枝。

繁英绕甸竞呈妍，叶底闲看蛱蝶眠。
室外独留滋卉地，年来幸得养花天。
文禽共惜春将去，秀野欣逢红欲然。
戏仿唐宫护佳种，金铃轻绾赤阑边。

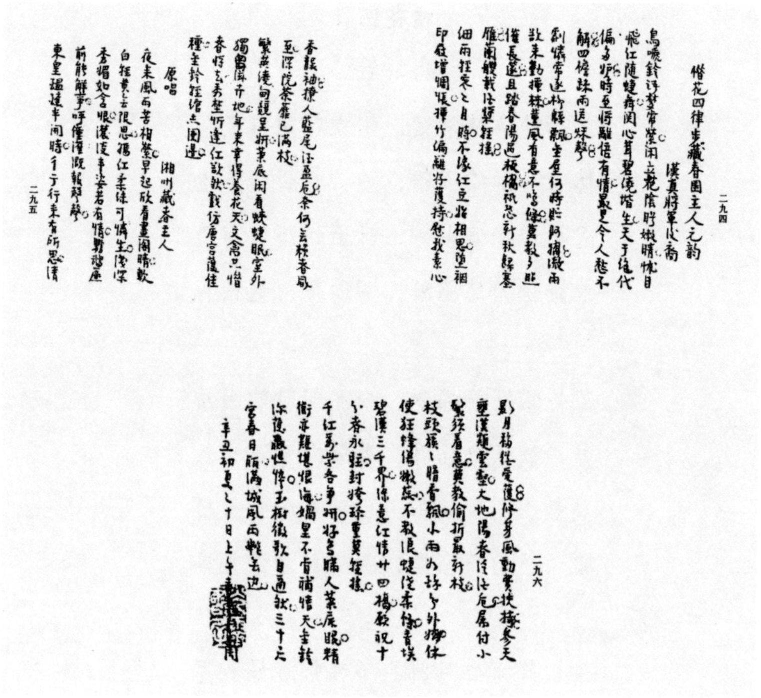

《惜花四律》

本诗写于1901年，原作周作人，经鲁迅大幅度修改，4月间寄还。全诗32句，只有8句是周作人写的。所以周作人在《关于鲁迅》等文中一再称它是鲁迅的作品。第一首侧重写惜花的心情，时间是冬天；第二首着重写惜花的行动，护花、赏花，时间是秋天；第三首侧重写由赏花引起的感想，从二月初春写到盛夏；第四首侧重写春天的百花盛开，养花、护花的乐趣。总而言之，是从多角度写爱惜花，抒发作者心中的感慨。

附：

惜花四律

湘州藏春主人

夜来风雨苦相萦，早起欣看画阁晴。
软白轻黄无限思，嫣红柔绿可怜生。
浅深秀媚如含恨，浓淡风姿若有情。
鹦鹉帘前能解事，呼僮灌溉报声声。

东皇酝酿半开时，彳亍行来有所思。
清影月移犹爱护，修芽风动费扶持。
参天壅汉窥云壑，大地阳春泛酒卮。
属付小鬟须着意，莫教偷折最新枝。

枝头簇簇暗香飘，小雨如酥分外娇。
休使狂蜂伤嫩蕊，不教浪蝶绕柔条。
青埃碧汉三千界，绿意红情廿四桥。
愿祝十分春水驻，封姨珍重莫轻摇。

千红万紫各争妍，好鸟瞒人叶底眠。
精卫亦难填恨海，娲皇不肯补情天。
金铃深护羸憔悴，玉树微歌自适然。
三十六宫春日丽，满城风雨艳无边。

——摘录自周作人1901年4月20日日记

自题小像

灵台无计逃神矢，风雨如磐暗故园。

寄意寒星荃不察，我以我血荐轩辕。

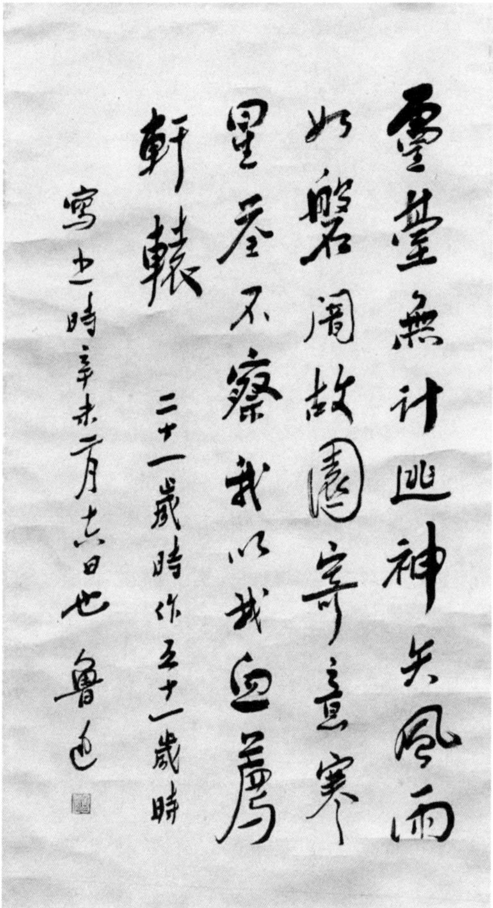

《自题小像》

关于鲁迅《自题小像》一诗的写作时间，近80年来一直各说各理，争执不断。归纳起来以1901年说、1902年说、1903年说3种说法为主，其中以许寿裳的1903年说最早，也最普遍。笔者认为这首诗写作时间不应排除1901年说的可能性。当是1901年在南京读书期间回故乡绍兴度寒假时所作，作于1901年1月20日—3月15日间。

就诗的内容看，“我以我血荐轩辕”与“文章得失不由天”是一脉相承的。《别诸弟》三首写于1900年3月，其中的“文章得失不由天”，告诫诸弟要勤奋学习，强调自身的努力，“我以我血荐轩辕”把人生的价值提高到为国奋斗献身的崇高境界。

鲁迅先生勤于学习、勤于思考。这两句诗可以看作他在南京学习新知识、接受新思想的思想成长轨迹。这首诗里，鲁迅超越了个人的情怀，是他自我意识的真正觉醒。他立志以天下为己任，唤起民众，拯救国人的灵魂，发出了“我以我血荐轩辕”的誓言。

这首诗的发表是鲁迅先生的好友许寿裳的功劳，最先见于1936年11月的《新苗》第11期上。

和仲弟送别元韵并跋

梦魂常向故乡驰，始信人间苦别离。
夜半倚床忆诸弟，残灯如豆月明时。

日暮舟停老圃家，棘篱绕屋树交加。
怅然回忆家乡乐，抱瓮何时共养花？

春风容易送韶年，一棹烟波夜驶船。
何事脊令偏傲我，时随帆顶过长天！

仲弟次予去春留别元韵三章，即以送别，并索和。予每把笔，辄黯然而止。越十余日，客窗偶暇，潦草成句，即邮寄之。嗟乎！登楼陨涕，英雄未必忘家；执手消魂，兄弟竟居异地！深秋明月，照游子而更明；寒夜怨笳，遇羁人而增怨。此情此景，盖未有不悄然以悲者矣。

辛丑仲春戛剑生拟删草

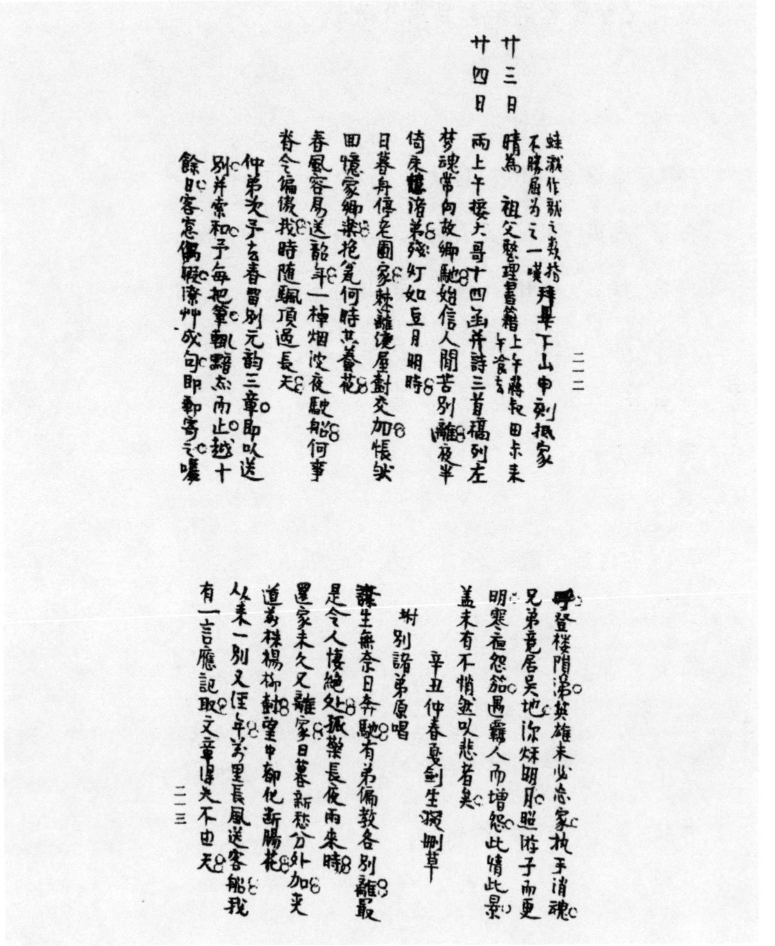

《和仲弟送别元韵并跋》

1901年初鲁迅度假期满返校，周作人赠诗告别，鲁迅以原韵和之。该诗于4月2日寄周作人，周作人12日收到并录于日记。第一首写鲁迅在南京连做梦也想家乡；第二首写返校途中夜泊老圃家的思绪；第三首写离家夜航的感慨。全诗充满着离情别绪。

重订《徐霞客游记》目录及跋

一独

序 四库提要 例言 目次

白岳 武夷 庐山 黄山后

天台 雁宕 黄山 九鲤湖 嵩山

太华 太和 闽前 闽后 天台后

雁宕后 五台 恒山 浙 江右

楚 粤西一之二

二 鹤

粤西三之四　黔一之二　滇一之四

三 与

滇五之九

四 飞

滇十之十三

书牍 墓志 传 考异 辩伪

补编

戊戌正月二十九日晨购于武林申昌书画室。原八册，重订为四。庚子冬杪，重阅一过，拟以“独鹤与飞”四字为次。

稽山戛剑生挑灯志

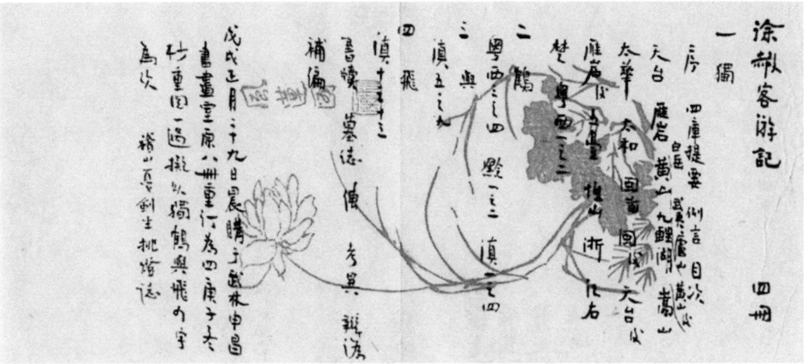

《徐霞客游记》手稿

本篇据手稿编入。写于1901年1—2月间，原题《〈徐霞客游记〉四册》，无标点。徐霞客（1587—1641），名弘祖，字振之，号霞客，南直隶江阴（今属江苏）人。明代地理学家、散文家。他从22岁起遍游国内16省，实地考察山川地貌、水文矿产、民风民俗等，历时30余年，并将观察所得，按日记述，死后经友人整理成为《徐霞客游记》。该书版本较多，鲁迅于1898年2月19日（夏历戊戌正月二十九日）在杭州购得清图书集成局铜活字印本8册。2年后趁回乡度假的机会整理、重装为4册，并写了这份目录和跋语。本编最初录入《鲁迅研究月刊》1990年第9期叶淑穗《鲁迅重订〈徐霞客游记〉题跋》。

挽丁耀卿

男儿死耳，恨壮志未酬，何日令威来华表？

魂兮归去，知夜台难瞑，深更幽魄绕萱帏。

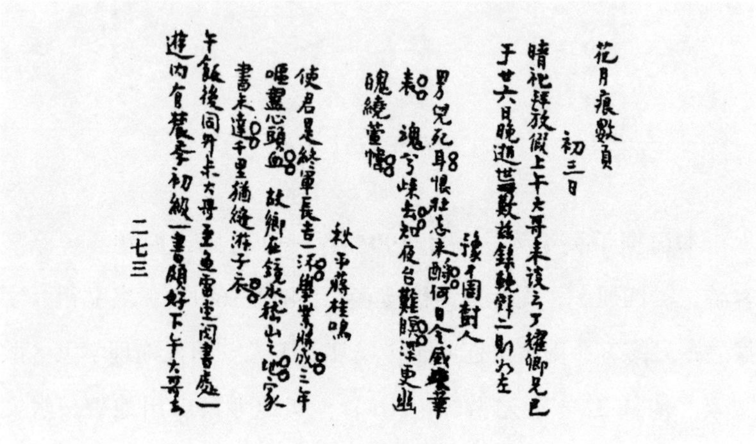

花月痕數頁

初三日

晴 祀拜放假 上午大哥來談云丁耀卿兄已

于廿六日晚逝世[illegible]歎茲錄輓聯二則於左

豫才周樹人

男兒死耳 恨壯志未酬 何日令威來華表 魂兮歸去 知夜台難瞑 深更幽魄繞萱幃

秋平蔣桂鳴

使君是終軍長去 一泓學業將成 三年嘔盡心頭血 故鄉在鏡水稽山之地 家書未達 千里猶縫游子衣

午飯後同升來大哥至魚雷堂閱書處一遊 內有蒙學初級一書頗好 下午大哥去

二七三

《挽丁耀卿》

丁耀卿，鲁迅在江南矿路学堂的同班挚友，1901 年 11 月 26 日因患肺病逝世。鲁迅写了这副挽联表示哀悼，手笔老辣，立意高远，对仗工整。署名“豫才周树人”。原文无标题。

《百喻经》校后记

乙卯七月二十日，以日本翻刻高丽宝永己丑年本校一过。异字悉出于上，多有谬误，不可尽据也。

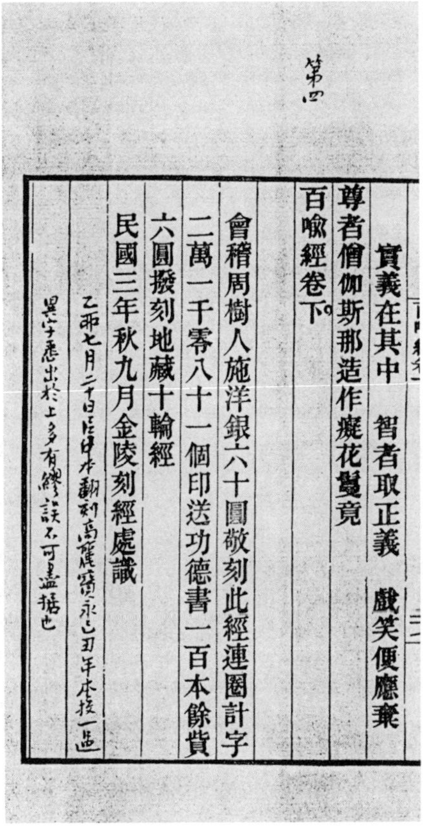
第四

實義在其中　智者取正義　戲笑便應棄

尊者僧伽斯那造作癡花鬘竟

百喩經卷下

會稽周樹人施洋銀六十圓敬刻此經連圈計字

二萬一千零八十一個印送功德書一百本餘貲

六圓撥刻地藏十輪經

民國三年秋九月金陵刻經處識

乙卯七月二十日以日本翻刻高麗寶永己丑年本校一過

異字悉出於上多有謬誤不可盡據也

《百喻经》校后记

此文写于 1915 年 7 月 20 日。原在鲁迅自藏《百喻经》校本后，无标题、标点。高丽宝永己丑年，即公元 1709 年。

鲁迅诗歌中的南京

无题

血沃中原肥劲草，寒凝大地发春华。

英雄多故谋夫病，泪洒崇陵噪暮鸦。

一月

崇陵，指南京孙中山陵，即中国革命的先行者孙中山先生的陵墓，位于南京紫金山第二峰茅山的南麓。左临明孝陵，右毗灵谷寺。陵墓坐北朝南，气象极为宏伟。兴工于1926年，至1929年基本完工。墓室位于158米高度处，高出明孝陵90多米。自墓道进口处上达墓室，平面距离700多米，高低相差70多米。全部建筑的轮廓，系采用建筑师吕彦直所设计的木铎形图案，取“使天下皆达道”之义。在陵墓附近还有音乐台、光化亭、流徽榭等建筑，使中山陵园显得更加壮观。

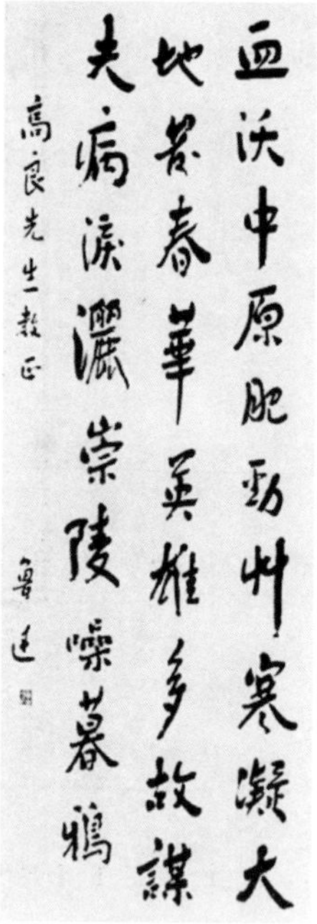

《无题》

中山陵旁有明孝陵，提起明孝陵不由想起明故宫遗址：

鲁迅和几个同学可能受了陆师的影响，却喜欢骑马，有一回他从马上摔了下来，碰断了一个门牙。他们又常跑马到明故宫一带去。那时明故宫是满洲人驻防兵的驻所，虽然在太平天国之后，气焰已经下去了不少，但是还存在很大的歧视，至少汉人骑马到那里去是很不平安，要遇着叫骂投石的。

——周启明《鲁迅在南京学堂》

我是南边人，但我不会弄船，却能骑马，先前是每天总要跑它一两点钟的。

——鲁迅致萧军、萧红信，1935 年 1 月 29 日

中山陵

明故宫（骆博凯　摄）

明故宫现存的午门

无题二首

其一

大江日夜向东流，聚义群雄又远游。

六代绮罗成旧梦，石头城上月如钩。

其二

雨花台边埋断戟，莫愁湖里余微波。

所思美人不可见，归忆江天发浩歌。

六月

石头城，古城名，本名金陵城，东汉末年孙权重筑改名，故址在今南京清凉山，目前建有遗址公园。现常以“石头城”代指南京。

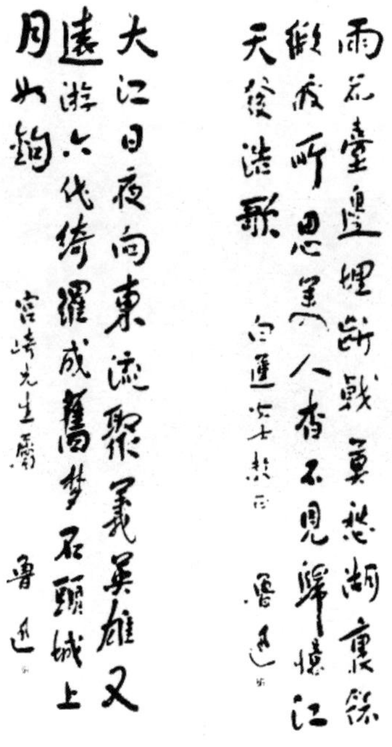

《无题二首》

雨花台，在南京城南中华门外聚宝山上。辛亥革命时，革命军进攻南京，曾在此血战多日。现为悼念先烈的纪念场所，建有雨花台烈士陵园。

莫愁湖，在南京水西门外，相传六朝洛阳女子莫愁曾居于此，故名。辛亥革命胜利后，南京临时政府曾在湖边建阵亡烈士纪念碑。现为莫愁湖公园。

石头城

雨花台

莫愁湖（宋健　摄）

赠画师

风生白下千林暗，雾塞苍天百卉殚。
愿乞画家新意匠，只研朱墨作春山。

一月二十六日

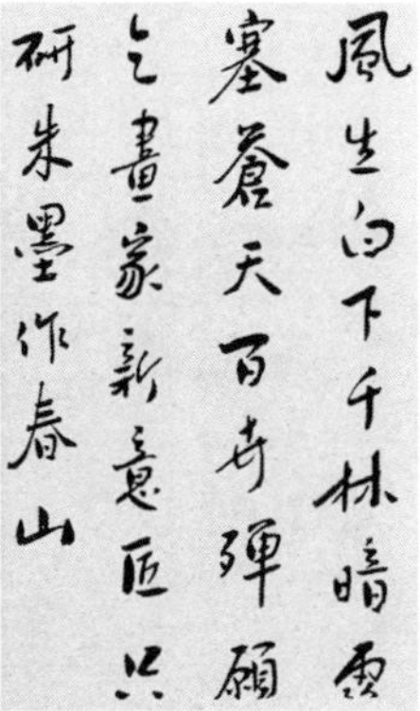

《赠画师》

白下，白下城，故址在今南京金川门外。唐武德九年（626）移金陵县治于此，改名白下县，故旧时以“白下”为南京的别称。

南京金川门

第五章
鲁迅与南洋劝业会

鲁迅回国照（1909年夏摄于杭州）

1910 年 8 月，鲁迅带领师生赴南京参观南洋劝业会。

公元1910年6月5日，南洋劝业会在江宁（今南京）揭幕，这是我国首次举办的大型博览会。“名虽冠以南洋，实则推行全国”。当时人称南洋劝业会“为我中国五千年来未有之盛举”。

南洋劝业会会场位于江宁城北三牌楼一带，占地1000亩，内有两江所建馆、外省自建馆及各专业馆共32个。馆区还建有暨南馆一所，专门陈列爪哇、三宝垅、新加坡、泗水一带南洋侨商的展品；参考馆二所，专门陈列英、美、德、日4国的产品。

南洋劝业会

南洋劝业会场馆

1910年8月，鲁迅先生任绍兴府中学堂监学（教务主任）兼博物教师。他倡议把当年的秋季远足改为赴南京参观南洋劝业会，让学生开拓视野，增长知识。这一倡议得到了学校师生的赞同和支持。学校规定每人交10块银洋，不足之数由学校补贴。那时，绍兴府中学堂有32位教职工，220个学生，除极少数人未参加外，有200多人赴宁参观。

在参观的师生中还有一位校友金如鉴，他是绍兴府学堂首届毕业生，正好有事回乡，鲁迅邀他一同赴南京参观。他们一路促膝谈心，鲁迅的勉励让他终生难忘。南京参观结束后，鲁迅又委托金如鉴取道上海，为母校采购设备和外文图书资料。这次参观活动，师生们满载而归，大家都赞扬鲁迅，说："豫才先生真好""百闻不如一见""南京一行胜读十年书""我们这些绍兴'井底蛙'已由豫才先生带队游过汪洋大海了！"

正门里面全景

牌楼

教育馆外景

奖牌

当年参观南洋劝业会的不仅仅有绍兴府中学堂。1910年茅盾14岁，在浙江湖州中学读三年级，开学不久，学校贴出布告：愿去南京参观“南洋劝业会”者即报名，交费十元，五天后出发。他们是先乘船到无锡，再换乘火车到南京。参观的学生对灯饰“南洋劝业会”几个字印象很深，茅盾说：“拂晓到达南京下关车站，猛抬头看见斗大的‘南洋劝业会’五个闪闪发光的字，走近了看，才知是许多小电灯泡连串做成的。”

南洋劝业会纪念画

茅盾在南京参观了3天半，他说：“当我们到浙江馆看见展出的绸缎、绍兴酒、金华火腿等特产，倒也等闲视之，可是听说绍兴酒得银奖牌，却大为惊喜。我们对四川、广东等各省展出的土特产，都很赞叹，这才知道我国地大物博，发展工业前途无限。”

年轻时的茅盾

茅盾

年轻时的叶圣陶

叶圣陶

在这一年，16岁的叶圣陶也参观了南洋劝业会，当时他在苏州草桥中学读三年级，他对参观南洋劝业会的最深印象是他们在雨中井然有序的队伍。他说：“又有一年秋季，到南京去参观南洋劝业会，正走进会场的正门，忽然来一阵点儿很大的急雨。我们好像没有这回事，立停，成双行向左转，报数，搭枪架，然后散开，到各个馆里去参观。第二天《会场日报》刊登特别的记载：某某中学到来参观，完全是军队的模样，遇到阵雨，队伍绝不散乱，学生个个精神百倍，如是云云。我们都珍重这一则新闻记事，认为这一次旅行的荣誉。”原来他们在学校里就已受到过军事训练，秋季旅行参观时用上了。

在数十万参观南洋劝业会的人中出现了许多师生，特别是我们看到了100多年前，作为青年教师的鲁迅，作为中学生的茅盾、叶圣陶参观南洋劝业会，颇类似今天的研学。可见，让学生走出校门，接触社会，进行社会实践的教育理念早已有之，这种活动对中学生的一生将产生巨大的影响。

第六章
鲁迅在南京临时政府教育部

鲁迅像（摄于辛亥革命后）

1912 年 2 月中旬，鲁迅从绍兴到南京临时政府教育部担任部员。

1912 年 2 月下旬，许寿裳向临时政府教育总长蔡元培推荐了正在绍兴“山会初级师范学堂”担任校长的周树人（鲁迅）。鲁迅应邀请，从绍兴到南京任教育部部员。

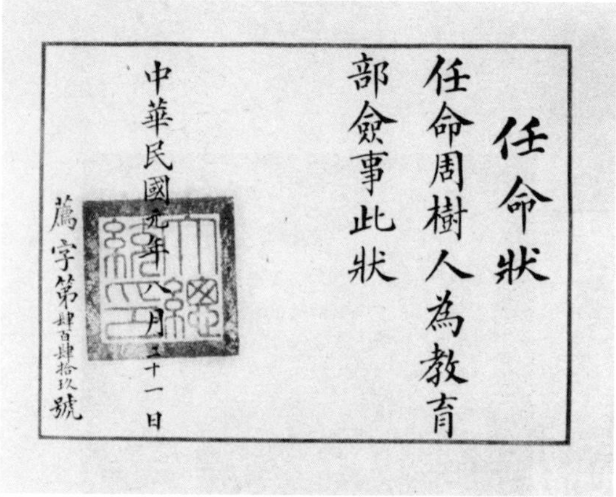
任命狀

任命周樹人為教育部僉事此狀

中華民國元年八月二十一日

薦字第肆百肆拾玖號

教育部《任命状》

当时，教育部设在碑亭巷的一座楼里，一切草创，人少力薄。现今只存留一张图片，原址已难寻踪迹了。

南京中华民国临时政府教育部。1912 年 2 月至 4 月，鲁迅在这里工作

鲁迅在日本认识了同乡许寿裳，两人成了朋友。这次他们在南京又相聚到了一起，自然是一件非常愉快的事。白天，两人同桌办公；晚上，联床共话；空暇时，鲁迅与许寿裳则同访龙蟠里江南图书馆。蔡元培也说："先生进教育部以后，我们常常见面。在南京时，先生于办公之暇，常与许君季茀影抄从图书馆借来的善本书……"

陶风楼

鲁迅在江南图书馆博览群书，重点钻研中国古代史书与传奇，是当时开办不久的江南图书馆的忠实读者。江南图书馆在南京汉中门内龙蟠里六十九号，旧址是清代道光年间两江总督陶澍所建的惜阴书院。光绪二十九年（1903），两江总督端方奏办图书馆，便在惜阴书院原址建古式楼房二幢，派幕客缪荃孙从浙江弄来清代四大藏书家之一丁丙的"八千卷楼藏书"，又陆续搜集了许多珍本，遂成立了江南图书馆。该馆于宣统二年（1910）11月正式开放，辛亥革命后改称江苏省立国学图书馆，今为南京图书馆的一部分。1928 年，当时的社会名流、馆长柳诒徵为了纪念陶澍、端方（号陶斋）、缪荃孙（号艺风），将楼房命名为“陶风楼”。陶风楼结构坚固，外观朴实、大方，保存完好。

1912 年 4 月，鲁迅在此阅读了许多善本书，并用了整整 4 天时间，抄录了江南图书馆收藏的清代姚之骃辑录、孙志祖增订的五卷本《谢氏后汉书补逸》。这是鲁迅为编纂校勘《谢承后汉书》而做的最初的整理、考订工作。此后，鲁迅又据别本抄校过多次。鲁迅后来编辑出版的《唐宋传奇集》中的 3 篇传奇：《湘中怨辞》《异梦录》《秦梦记》，也是鲁迅在江南图书馆的大量藏书中去粗存精，一字一句抄录出来的。鲁迅还借抄过江南图书馆所藏的《沈下贤集》一书。鲁迅这种搜集、整理、抄校古籍的认真态度，充分体现了他严谨的治学精神。

陶风楼

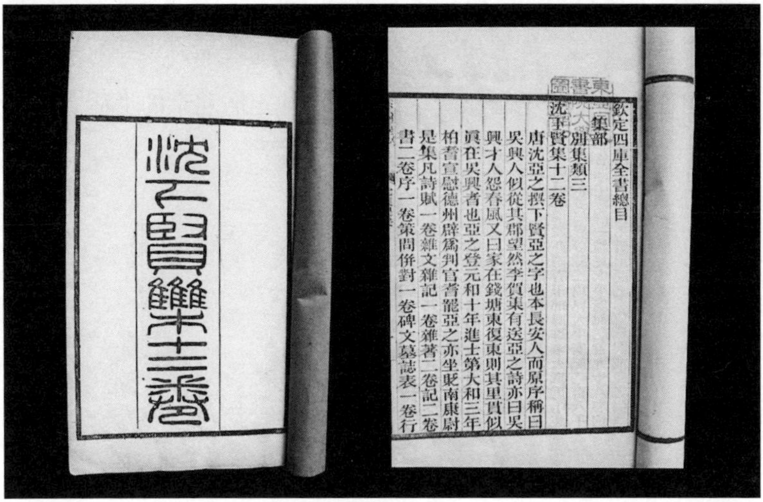

沈下賢集十二卷

欽定四庫全書總目

集部 別集類三

沈下賢集十二卷

唐沈亞之撰下賢亞之字也本長安人而原序稱曰吳興人似從其郡望然李賀集有送亞之詩亦曰吳興才人怨春風又曰家在錢塘東復東則其里貫似眞在吳興者也亞之登元和十年進士第大和三年柏耆宣慰德州辟爲判官耆罷亞之亦坐貶南康尉是集凡詩賦一卷雜文雜記一卷雜著二卷記二卷書二卷序一卷策問併對一卷碑文墓誌表一卷行

唐宋傳奇集

上册

魯迅校錄

书影

南京临时政府教育部在北迁之前，于1912年3月22日由总长正式宣布解散，当时向北洋军阀政府推荐了一部分部员，以备新教育部之任用，鲁迅和许寿裳都在其中。此后鲁迅在北京的教育部担任了多年“荐任佥事”，开始了他定居北京的生活。

第七章
鲁迅与金陵刻经处

金陵刻经处创始人杨文会像

金陵刻经处是海内外著名的佛教文化机构，全国重点文物保护单位，人类非物质文化遗产项目保护单位。

1914年，作为孝子的鲁迅，为纪念母亲60岁寿辰，前后捐60元给金陵刻经处刻印《百喻经》。

金陵刻经处是我国著名的佛教文化机构，它创建于清同治五年（1866），清朝末年即在国内外享有盛誉。它是全国最早成立的刻经处，也是近代第一家由私人创办的融经书雕刻、印刷、流通及佛学研究于一体的佛经出版机构。它出版的经书，以选本精严、内容纯正、校勘严谨、版式疏朗、字大悦目、纸料讲究著称。

金陵刻经处

金陵刻经处的创始人，是我国清末佛教复兴的奠基人杨仁山（字文会）。1897年，杨仁山筑室于金陵城北延龄巷（今淮海路）。新居院落占地6亩多，有房屋60多间。杨仁山的起居室在院落的西部。起居室的前面有池塘，四周植柳，取唐人诗意命名为“深柳读书堂”，简称“深柳堂”，学者因以“深柳大师”称居士。此处是杨仁山校勘经典、著述授学的地方。堂分 3 间，东间是卧室，中间是会客室，西间是书房。

1896 年，谭嗣同在南京候补江苏知府，不愿与腐败官府周旋。闻知南京城内有杨仁山先生“新学旧学兼通”，便欣然来到金陵刻经处，向杨仁山居士执弟子礼，研习佛学、新学，著成其代表作《仁学》，以佛教理念镕铸新学，提倡变法维新，轰动一时，肇始了佛学对当时社会思潮乃至社会变革的深刻影响。

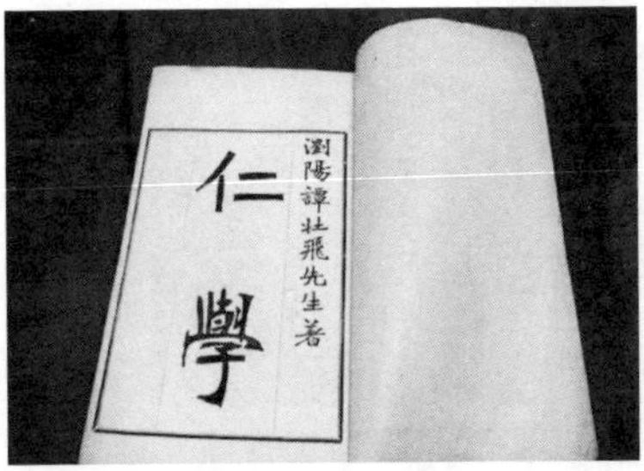

谭嗣同的《仁学》

谭嗣同

1914 年 7 月 29 日，鲁迅托许季上寄金陵刻经处银 50 元，拟刻《百喻经》；10 月 7 日记载：“午后寄南京刻经处印《百喻经》费十元。”

100 多年前，鲁迅先生捐资刻印《百喻经》，无论是为了给母亲祝寿，还是为了文学，或兼而有之，都离不开布施善德、讽世疗人。让一代又一代人知晓有一部寓言式的佛经，并得以推广，可谓功德无量。

《百喻经》全名《百句譬喻经》，内收98则佛教寓言故事，古印度僧伽斯那著，南朝齐时印度来华僧人求那毘地译。鲁迅认为“佛藏中经，以譬喻为名者，亦可五六种，唯《百喻经》最有条贯”。鲁迅捐刻的《百喻经》尾页上记有：“会稽周树人施洋银六十圆敬刻此经连圈计字二万一千零八十一个印送功德书一百本余赀六圆拨刻地藏十轮经　民国三年秋九月金陵刻经处识”。1915年，他将刻印成的30本分赠教育部同事和友人。

《百喻经》底版

《百喻经》封面

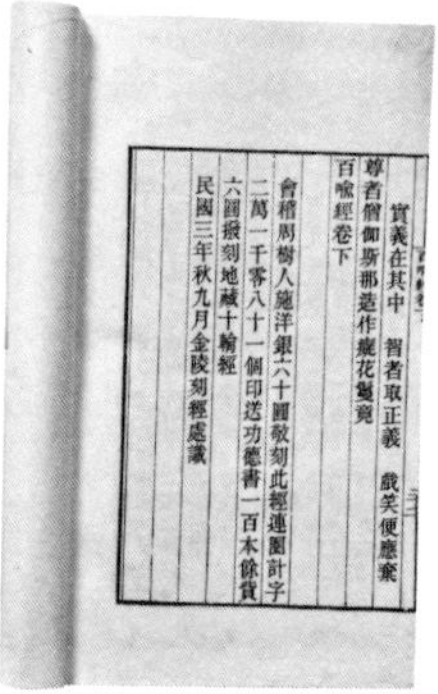

《百喻经》底页

鲁迅捐刻《百喻经》花费 54 块大洋，余 6 块大洋捐刻《地藏十轮经》。此经多人捐刻，费用不足部分由金陵刻经处收到的捐赠善款补足。

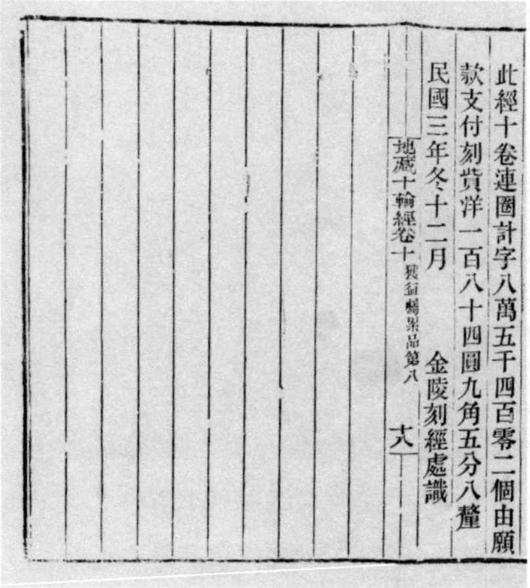

此經十卷連圖計字八萬五千四百零二個由願
款支付刻貲洋一百八十四圓九角五分八釐
民國三年冬十二月　金陵刻經處識
地藏十輪經卷十 獲益囑累品第八　十八

《地藏十轮经》尾页

金陵刻经处经版库

金陵刻经处印制经书

春风容易送韶年
——鲁迅南京求学给我们的启示

在南京师范大学附属中学的校园里有一座百年欧式洋楼，那是鲁迅读书时的江南陆师学堂德籍教员楼，南京鲁迅纪念馆就建在这座楼里。如今，校园里每天都有朝气蓬勃的青年学子在健康快乐地生活、成长。在校园里漫步，或经过这座楼时，每每会想起在120多年前作为学生的鲁迅是什么样的，他在干什么，想什么，这对我们今天的年轻人有什么启示？

1898年5月7日，18岁的周樟寿（字豫山，后改豫才）在母亲的眼泪中，第一次离乡远行，负箧南京，投奔在江南水师学

南京鲁迅纪念馆正面

南京鲁迅纪念馆外景

堂担任管堂监督的叔祖周椒生，考入江南水师学堂，开始了 4 年的南京学习生活。为避时人的世俗眼光，周椒生将其本名“樟寿”改为“树人”。从此，“周树人”成为大名，这名字也激发了他立人树人的理想追求。而其本名“周樟寿”倒没有多少人知道了。

鲁迅家原来是绍兴古城中显赫一时的大家族，那时已彻底败落了。特别是鲁迅 13 岁那年（1893），祖父科场舞弊案发，这对他家来说无疑是塌天之祸。次年春，祖父一案被朝廷判了个“斩监候”，亦即死缓。后来虽未被斩，却也饱受 8 年牢狱之苦。狱中祖父的生活需供养，为免受虐待，还需上下打点，家中只得变卖家产，勉力支撑。鲁迅 16 岁那年（1896），他 37 岁的父亲又病逝，家道急剧衰落。父亲已逝，祖父在狱中，弟弟尚小，鲁迅又不想走科举的老路，又不想去做塾师、幕僚，怎么办？鲁迅说：

我要到N进K学堂去了，仿佛是想走异路，逃异地，去寻求别样的人们。我的母亲没有法，办了八元的川资，说是由我的自便；然而伊哭了，这正是情理中的事，因为那时读书应试是正路，所谓学洋务，社会上便以为是一种走投无路的人，只得将灵魂卖给鬼子，要加倍的奚落而且排斥的，而况伊又看不见自己的儿子了。然而我也顾不得这些事……

——鲁迅《〈呐喊〉自序》

显然，鲁迅自己寻找自己的路。他远离家乡到南京投考新学堂，是他自己的选择。

20世纪80年代，喜爱鲁迅的读者在水师学堂旧址一株梧桐树上刻的《呐喊》封面

这正是甲午（1894）中日战争之后，维新运动蓬勃高涨，全国设立学会、学堂、报馆甚多，大都在江苏、湖南、直隶、广东等省。江南水师学堂创办于清光绪十六年（1890）冬，是洋务运动中兴办最早的学堂之一，大概有振兴中国海军之意。江南水师学堂坐落在仪凤门与挹江门之间，即今中山北路346号，旧址辛亥革命后改为海军部，这就是鲁迅在《琐记》中提到的“雷电学堂”。以后多经变迁，但所在单位均与海军有关，现为海军某研究所。

现在所见的水师大门在中山北路北侧，巍巍壮观，应是水师的二门。二门以内，建筑物至今所存尚多，过去风雨操场有高高的桅杆，鲁迅说：“人如果爬到顶，便可以近看狮子山，远眺莫愁湖”。

水师学堂分驾驶、管轮两门，每门学生40名，洋教习1员。驾驶、管轮、升桅、汉文、体操、洋文各教习共11员。总办1员，候补道黎锦彝，提调、文案等共6员。内堂课以洋文、天文、地舆、海图、汉文、算学、水力及制造汽锅汽机各法，附有鱼雷一营。

水师学堂提出“国家整军经武，广储将才”“力图自强”，必以学堂为“根本”，这都是很有眼光与见解的。水师还提出“中西文武功课兼营并习”的课程设置，除课堂外注重实习，强调体育锻炼，这些都具有开创性，为今后的中学教育奠定了基础。学校不要学费，还有“赡银”。然而水师的功课简单，生活艰苦，鲁迅大为不满，在这个学校感到“乌烟瘴气”。学校文化氛围有点怪，科学与迷信混杂，游泳池淹死了2个学生，居然把池填平

1977年9月下旬，内山嘉吉夫妇访问南师附中鲁迅纪念室

造庙祭度亡魂；其次，等级森严，学生地位不同生活待遇不同，赡银也不同；另外，教职员派头十足，水平一般。一位新职员派头很大，却把学生的名字念错了，把叫“沈钊”的叫成“沈钧”，被学生嘲笑，就为这事鲁迅和他的同学被记了2次小过2次大过。另外，鲁迅被分在管轮班，将来活动在船舱里，不见天日，也是他不喜欢的。于是鲁迅的水兵之梦醒了，他后来回忆说：“大约过了半年，我又走出，改进矿路学堂去学开矿……”

江南陆师学堂创办于1896年冬，坐落在三牌楼和会街。矿务铁路学堂开办于1898年10月。矿路学堂的设立，原是因为两江总督刘坤一听说青龙山的煤矿利好，所以开办的。刘坤一9月

14日奏28日准的奏章上说："江南办理矿路甫有端倪，此项学生一时尚难其选，然以测量绘算为初级，则与武备学生所学略同，拟即挑选学生，调派教习，于陆师学堂内添矿路学一斋，分习重力汽化地质等学，以备专门学堂异日之取材。"其实，这个学堂仅空前绝后地招生一次，只有1个班24名学生，鲁迅是其中年龄最小的1个。

据鲁迅同学张协和的回忆，矿路学堂"入学考试分初试及复试两场，都只是作文章，初试的题目我已忘却，复试的题目是《不以规矩不能成方圆论》。我和鲁迅就是经过这样的考试而入学的"。

矿路学堂仿照德制。除德文外，还有格致、地学、金石学、算学、地理、历史、绘图和体操等课程。这个学堂聘请了洋教习3人，专门盖了洋教习楼。

鲁迅在矿路学堂学习了3年。1902年1月，鲁迅以一等第三名的优异成绩在矿路学堂毕业。3月24日，鲁迅等5名学生以官费生资格，随矿路学堂总办俞明震离宁经沪赴日本留学。

处在21世纪的今天，科技高度发达，社会日新月异，鲁迅的学生时代虽然离我们有120多年，且新学堂教育刚刚起步，跟今天的中学不可同日而语。但打开鲁迅文化视野、刷新其知识结构的新式军事学堂，让鲁迅收获良多。鲁迅读书的经历对我们今天又有哪些启示呢？

第一，勤奋学习新知识。尽管鲁迅曾被亲友拉去参加过一次科举考试，但他并不想通过科举考试实现自己的人生价值。通过自身努力达到一定甚至最高人生境界的儒家人生理想，毫无疑问被鲁迅所接受。学堂的课程设置，体现了洋务派“中学为体，西学为用”的主张。水师学堂1周中，1天读《左传》，1天做古文，其余4天的课主要是英文，均用英语进行教学，教员大多为英国人。鲁迅在学习上十分勤奋，在课内认真听讲，勤于记笔记，课堂学的知识课堂上掌握巩固，利用课外时间大量地阅读课外书籍。鲁迅接触了外国语文和文学，读了《时务报》《译书汇编》《茶花女遗事》《全体新论》《化学卫生论》《科学丛书》《日本新政考》等，其中唯物、辩证的因素，对青年鲁迅世界观的形成无疑起了重大的作用。鲁迅还爱看小说，对《红楼梦》几乎能背诵。鲁迅在这里学习了英语、德语，为今后更好地看世界，阅读和翻译外国文学，打下了良好的语言基础。

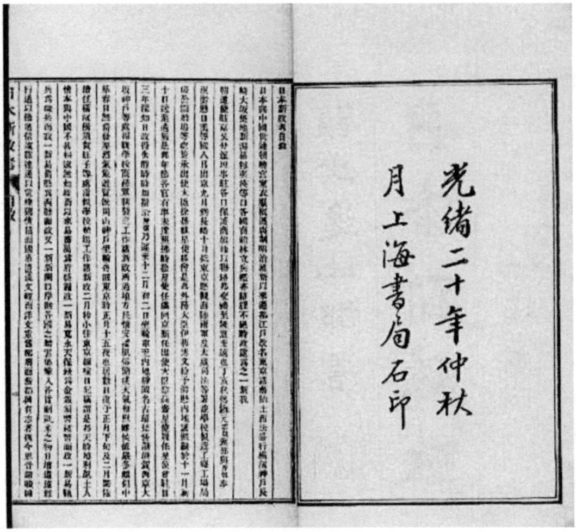

《日本新政考》

矿路学堂上课，主要是抄笔记。教师把整本的书抄在黑板上，让学生抄在笔记上。鲁迅专心致志，抄得既快又好。现存的鲁迅手抄讲义，包括《几何学》《开方》《开方提要》《八线》《地质学笔记》5 册，均在右下角署名“周树人”。《几何学》与《八线》中的图形系用铅笔绘制。这些手抄讲义，文字系蝇头小楷，抄写英语、几何、代数、三角等语言符号，书写极工整清晰，一丝不苟，很值得我们学习。

鲁迅在矿路学堂以一等第三名的优异成绩毕业，得到总督发给的《执照》（二、三等学生只发给《考单》）。这是鲁迅一生中唯一的一张毕业证书。《执照》中写道：矿务铁路学堂“选募聪颖子弟到堂学习矿学、化学、格致、测算、绘图等项，现届三年毕业”。“学生周树人，现年十九岁，身中面白无须，浙江省绍兴府会稽县人，今考得壹等第三名。”《执照》中开列的矿学等 7 门功课的成绩都在 85 分以上。

为鼓励学生用功学习，校方规定，每星期作文一次，凡获得第一名者赏三等银牌 1 个；每月月考一次，名列第一名者赏三等银牌 1 个。4 个三等银牌可以换 1 个二等银牌，4 个二等银牌可以换 1 个三等金牌。由于鲁迅勤奋刻苦、锐意新学，因而学业优异，名列前茅。年龄最小的鲁迅是矿路学堂同学中唯一用 4 个银牌换得 1 个金牌的人。金牌到手之后，鲁迅总是拿了去换钱买书看，买点心请大家吃。也因此于 1902 年 3 月 4 日以官费生资格，随矿路学堂总办俞明震离宁经沪赴日本留学。

第二，努力接受新思想。鲁迅在南京学习了新知识，接触了

南京夫子庙，李光明书肆即在近旁

南京北门桥商业街

自然科学，接触了科学的宇宙观和认识论，因此能够科学地看待自然、宇宙和自身，初步确立了进化论的思想观念。

鲁迅对于19世纪的科学最新成果之一达尔文的进化论，具有高度的敏锐性。当他读严复的《天演论》时，完全被优美的译文和新颖的思想吸引了。他常跑到夫子庙状元境（今立新巷）去买书看。有一次，花了500文钱，买了一本严复译述的赫胥黎宣传达尔文进化论的书《天演论》。恩格斯对进化论学说评价很高，把它称为19世纪自然科学的三大发现之一。鲁迅“一口气读下去，‘物竞’‘天择’也出来了”，苏格拉第，柏拉图也出来了，感到“那么新鲜”，过后好多年，鲁迅还能背诵其中的不少篇章。

鲁迅自己说：

看新书的风气便流行起来，我也知道了中国有一部书叫《天演论》。星期日跑到城南去买了来，白纸石印的一厚本，价五百文正。翻开一看，是写得很好的字，开首便道：

“赫胥黎独处一室之中，在英伦之南，背山而面野，槛外诸境，历历如在机下。乃悬想二千年前，当罗马大将恺彻未到时，此间有何景物？计惟有天造草昧……”

哦！原来世界上竟还有一个赫胥黎坐在书房里那么想，而且想得那么新鲜？一口气读下去，“物竞”“天择”也出来了，苏格拉第，柏拉图也出来了，斯多噶也出来了。学堂里又设立了一个阅报处，《时务报》不待言，还有《译学汇编》，那书面上的张廉卿一流的四个字，就蓝得很可爱。

——鲁迅《琐记》

可见，严复介绍的进化论思想，给青年鲁迅以很大的心灵震动。鲁迅在南京读书时期所接受的进化论，使他获得了在家乡无法获得的开阔视野和新的思维，并能理性地看待社会，看待人生。这只是他对这个“发展规律”的初步接触，他到日本以及归国以后都在深入思考和运用这个规律，他并没以初识为满足。后来，鲁迅在《随感录二十五》中说：“严又陵（按即严复）究竟是‘做’过赫胥黎《天演论》的，的确与众不同：是一个十九世纪末年中国感觉锐敏的人。”

从鲁迅的经历可以看出，他青年时代就接受先进的思想观念，对自己世界观、宇宙观的形成有很大的作用。进化论的思想促进了鲁迅对立人思想的思考，对民族救亡的深思，让他在风雨如磐的故园中惊醒，产生“我以我血荐轩辕”的理想追求！

第三，主动接触社会，接触社会底层。洋务运动从 19 世纪 60 年代开始鼓噪，富国强民的论调充斥市场，清王朝也再三下诏谕，建海军、练陆军、修铁路、造机器、开矿产、创邮政、兴学堂，搞得很热闹，这于我国民族资本主义的兴起不无一定的刺激作用，但是，与广大劳动人民并无增益。鲁迅课余去下关喝茶，到夫子庙买书，都能接触市井凡人，了解人间烟火。更为突出的是一次接触产业工人的经历。

1901 年 11 月 7 日至 19 日，鲁迅与矿路学堂的同学一道去青龙山煤矿（今南京官塘煤矿象山矿区）实习。鲁迅第一次接触中国的第一代产业工人，矿工在积水半尺深的工作面上，矿工“鬼一般工作”的凄凉情景，使鲁迅感到“爽然若失”“一无所能”。“爬了几次桅，不消说不配做半个水兵；听了几年讲，下了几回矿洞，就能掘出金银铜铁锡来么？实在连自己也茫无把握……”据周建人回忆，“为了学习的需要，鲁迅还采集了不少矿石标本，每次放假都要带回一些来，放在一个木匣里，记得有铁矿石，石英石，三叶虫化石，还有像石榴子一样的矿石。”

120多年前，鲁迅就有社会实践的体验，这是很了不得的。矿工“鬼一般工作”，这对鲁迅在文学创作中关心底层人民的生活，为他们“呐喊”，埋下了深深的印迹。

第四，在艰苦生活中磨炼自己，立志报效国家。鲁迅的读书生活十分艰苦，穿夹衣过冬，吃辣椒御寒，以致很早就吃坏了胃。但他还学骑马锻炼自己的体魄。当年的鲁迅对于排满的学说、辫子的罪状和文字狱的大略，已经知道了一些，故常到明故宫一带跑马，与旗人子弟竞赛。有一回吃了旗人的暗算，几乎跌下马来。后来鲁迅在信中对友人说：“运动原是很好的，但这是我在少年时候的事……我是南边人，但我不会弄船，却能骑马，先前是每天总要跑它一两点钟的。”有一次他从马上摔了下来，碰断了一颗门牙。他常说：“落马一次，即增一次进步。”

鲁迅在矿路学堂曾刻有“戎马书生”石章一方。“戎马书生”是鲁迅当年的自况。原本是一个读书的学生，又要骑着战马驰骋，这既是鲁迅在军事学校（矿路学堂因附属于江南陆师学堂，故学生也穿着陆师的制服，过着军事化的生活）读书生活的反映，也是他早年爱国思想的体现。据周建人回忆，当年鲁迅在南京读书时，出于对清政府的憎恶，还刻了两枚印章：“文章误我”与“戛剑生”。意思是说：以前读书作古文，耽误了自己的青春，现在要“戛”的一声抽出剑来参加战斗了。

鲁迅从水师到矿路，经历着一场深刻的内心风暴，从矿路到赴日，又有一种变革的期盼，他在南京从追寻强军救国，到追寻科技救国，以致以后的每一次惆怅、彷徨，都孕育着内心的挣扎与思考。

鲁迅在南京还手抄了祖父在经历了6年狱中生活之后撰写的《恒训》，使他得到了精神的关怀和思想的引导。祖父以“家训”

本书作者向鲁迅独子周海婴先生介绍南京鲁迅纪念馆

这一传统形式将个人人生经验以及对社会和人生的认识教授给鲁迅，并从自己的认识出发试图规范后人的思想、情感与行为。今天看来，其中虽有不可取之处，但其言说对鲁迅的思想与精神发展所产生的影响不可估量，是青年鲁迅进入社会和认识人生的重要指南。比如强调个人意志与行为的恒久，对以后鲁迅形成“韧”的斗争精神产生的影响是难以估量的。

鲁迅从学生时代开始，就在追寻中成长，在新旧思想交织与取舍中成长，始终关心着国家的前途，民族的命运。他在南京经历了“寻路—失望—再寻路—再失望—”的人生经历，体现了选择道路的艰难与曲折。这不仅是个人生计之路的选择，更是救国之路的追寻。读水师学堂，不仅是“因为没有钱，就得寻不用学费的学校”，还是顺应着“救国必先强军”的军国主义时代思潮，但并没有成为海军军事人才。后来感到“当时我想，国家的当务之急，首先是开发矿业”，即所谓“工业救国，科学救国”，也没有成为采矿的工程师。再后来去日本转为学医，其动因，他在《〈呐喊〉自序》里有明确交代：“从译出的历史上，又知道了日本维新是大半发端于西方医学的事实。”所说的“译出的历史”应该是鲁迅东渡日本时行囊中的《日本新政考》，研究者考证，就是康有为编写的《日本变政考》一书。最后弃医学文，鲁迅说“凡是愚弱的国民，即使体格如何健全，如何茁壮，也只能做毫无意义的示众的材料和看客”，“我们的第一要著，是在改变他们的精神，而善于改变精神的是，我那时以为当然要推文艺，于是想提倡文艺运动了”。鲁迅经历了“强军救国”—“科技救国”—

“医学救国”—“文学救国”的反复选择，而这就可以看出他为国家前途、民族命运而作的人生探索和追寻。

特别指出的是《自题小像》。关于这首诗的写作时间，应该相信鲁迅自己的说法：“二十一岁时作”，即写于1901年南京读书期间，与许寿裳“二十三岁时赠余”的说法并不矛盾。正如钱理群教授指出的：

> 这首诗第一次明确表达了鲁迅“我以我血荐轩辕”的志向，鲜明地表达了鲁迅的爱国情怀和献身精神，如许寿裳所说，这是鲁迅“毕生实践的格言”，这是南京时期的周树人思想发展达到的最高点，同时预示着一个新的开端，一个“鲁迅时代”的到来。而我们特别注意的，是其思想、情感、表达的复杂和丰富，即“寄意寒星荃不察，我以我血荐轩辕”上下联之间的张力。既存爱国之心，献身之志，却屡遭“不察”，难逃不被理解，甚至放逐的命运。可以说，这是屈原以降中国知识分子的宿命，现代尤甚。
>
> ——钱理群《我读〈鲁迅在南京〉》

从鲁迅在南京写的诗文里，我们可以看到他浓浓的思乡情结和兄弟情深，他说不要“柔肠欲断，涕不可仰”（《戛剑生杂记》），英雄未必忘家；他写《祭书神文》，这是读书人的宣言，表示读书人不离纸笔的志趣；他还告诉兄弟“文章得失不由天”，全要凭自己奋斗实践才能实现自己的追求。

1901年初鲁迅度假期满返校，周作人赠诗告别，鲁迅以原韵和之。第三首写离家夜航的感慨，似与去日本留学有同样的感慨："春风容易送韶年，一棹烟波夜驶船。何事脊令偏傲我，时随帆顶过长天。"

从"文章得失不由天"到"我以我血荐轩辕"，这就是在南京读书的"戎马书生"的思想追求，也是给我们当代青年学子的最好启示，鲁迅的学生时代也是我们当代青年学子最好的学习榜样！

根据2021年9月25日律媒论坛讲稿整理，11月4日改定

附　录

鲁迅在南京足迹所到之处

本图根据1903年陆师学堂测绘制作的南京地图绘制。

说明：

1. 青龙山煤矿在城东麒麟门附近，图中未标明。

2. 丁家桥曾是南洋劝业会所在地。

3. 成贤街43号曾是临时政府教育部所在地。

鲁迅在南京足迹所到之处图

追寻——鲁迅在南京之歌

徐昭武　词　　刘林平　曲

扫一扫
观看视频

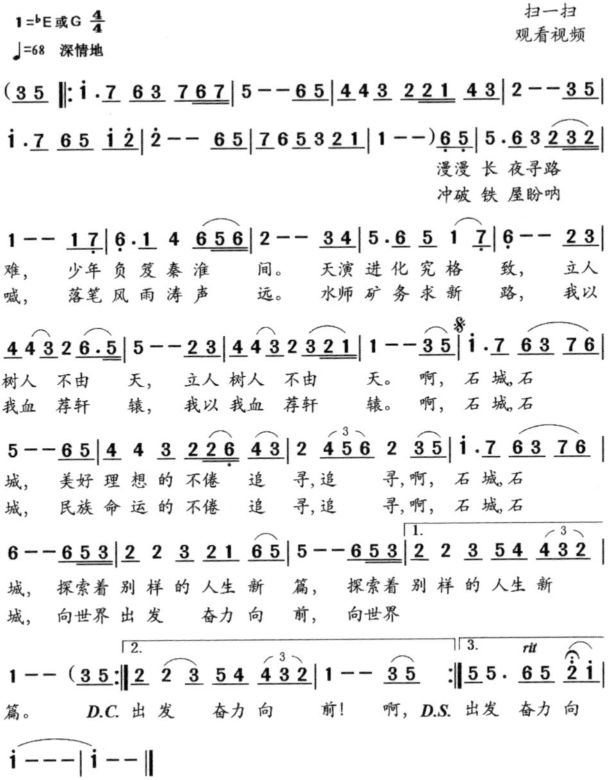

（叶子制谱）

图片索引

春风容易送韶年——鲁迅南京求学给我们的启示

附录

后　记

南京，作为“世界文学之都”，传世名著甚多，文脉悠长，绵延不断，更是英才辈出，群星璀璨。鲁迅在这里留下了青春的足迹，使这座“文学之都”既有历史的厚重感，又有青春的朝气与活力！

对于鲁迅来说，南京是“青春第一站”，也是“出仕第一站”。可是鲁迅在南京，没有留下一张照片，也没有直接记载其在南京求学生活的叙述。鲁迅离开南京 20 多年后，他自己正面对南京求学生活的叙述，零星出现在其作品里。尽管说不上是全面的、详尽的，但这些文字无疑是我们了解青年鲁迅，了解在南京的鲁迅的最好的钥匙。我从这样一个角度，以图片配合适当解说的形式，向大家介绍鲁迅在南京的生活、学习，希望能达到图文相得益彰的效果。

虽然我们至今没有发现一张鲁迅在南京生活、学习的图片，就所收集到的 200 余幅图片，我们可以想见鲁迅在南京的点点滴滴。鲁迅到南京，走进了一个新的世界，这不仅仅是空间意义上的，也是知识、思想、精神意义上的。他让年轻的鲁迅开阔了眼界，拓宽了视野，对国家命运、对个人前程有较为深刻的思考，并从南京走向世界。10 年后，他又从南京走向仕途，开始公务员的生涯，南京的周树人成了中国的、世界的鲁迅！

为了让大家较为全面地了解鲁迅在南京，特收入《春风容易送韶年——鲁迅南京求学给我们的启示》一文，旨在让青年读者了解 120 年前的鲁迅在干什么、思考什么，并从中得到启迪，为民族复兴大业奉献自己的力量。希望得到大家的批评指正。

南京鲁迅纪念馆从筹备到开馆，感谢北京鲁迅博物馆、绍兴鲁迅纪念馆、上海鲁迅纪念馆等的大力支持和帮助，并促进了本书编撰的构想与实践。本书图片主要由南京鲁迅纪念馆提供，在此表示感谢！

特别感谢中国鲁迅研究会常务副会长黄乔生先生对本书精心指导并作序，感谢裘士雄、葛涛、倪峰、宋健、许金晶诸先生的帮助，感谢南京出版社，特别是责任编辑的精心劳作，精益求精，给人留下美好的印象。也期望读者满意。

2024 年国庆